Il divano

257

Milano è una seconda Parigi
Viaggiatori britannici e americani a Milano

A cura di
Eleonora Carantini

Sellerio editore
Palermo

e-mail: info@sellerio.it
www.sellerio.it

2008 Terza edizione

Milano è una seconda Parigi : viaggiatori britannici e americani a Milano / a cura di Eleonora Carantini. - Palermo : Sellerio, 2007.
(Il divano ; 257)
EAN 978-88-389-2253-4
1. Milano – Descrizioni e viaggi – Sec. 17.-18.
I. Carantini, Eleonora.
914.452104 CDD-21

CIP - *Biblioteca centrale della Regione siciliana «Alberto Bombace»*

Traduzione di Eleonora Carantini

Introduzione

di

Eleonora Carantini

«Non c'è niente a Milano che colpisca a prima vista...» basterebbero queste parole scritte da Dorothy Wordsworth che, insieme al fratello William, si trovava in visita alla città nel 1820, a riassumere la fama di cui dovette godere Milano nei secoli in cui i viaggiatori stranieri vi facevano tappa per il Grand Tour. È vero che il capoluogo lombardo si caratterizzò essenzialmente come luogo di passaggio sulla strada per raggiungere altre città, alla ricerca di un altrove che agli occhi dei turisti stranieri doveva sembrare indubbiamente più esotico e desiderabile: Venezia, Firenze, Roma, il sole del Sud. Tuttavia, benché Milano non potesse vantare i tesori artistici di altre città italiane, molti viaggiatori la giudicarono piacevole e accogliente. I testi qui raccolti dimostrano che non furono pochi i nomi di rilievo che sostarono nel capoluogo lombar-

do lasciandone una testimonianza scritta. Leggendo, si scopre che non tutti trovarono che Milano avesse poco da offrire, anzi... essa si presentava ai viaggiatori che facevano il loro ingresso in città, mostrando subito il suo pezzo forte: la guglia più alta di quel Duomo che si configura come un indiscutibile polo di attrazione, tanto che nessun viaggiatore trascura di visitarlo, né di descriverlo fin nei minimi dettagli. Non meno importanti sono la Biblioteca Ambrosiana, il Castello, Brera e l'Ultima Cena leonardesca, altre tappe obbligate del soggiorno milanese. Però queste pagine che attraversano Milano nei secoli ci restituiscono anche immagini curiose: Byron si dichiara innamorato di Lucrezia Borgia, proprio dopo aver visto alla Biblioteca Ambrosiana una ciocca dei suoi capelli biondi e le lettere indirizzate al Cardinal Bembo, Dorothy Wordsworth ci restituisce un'immagine inedita dei milanesi, «il cui impegno principale sembra essere una languida ricerca del piacere», le fa eco Marc Twain, stupito di fronte alla calma e alla serenità degli abitanti della città che di sera affollano le strade e i caffè in allegria, e si ritrova a sperare di esportare questo stile di vita in America, dove «siamo sempre di fretta e quando la giornata è finita ci portiamo perfino a letto il pensiero degli affari...», non sapendo che, da lì a poco, anche i milanesi diventeranno come gli americani. E poi c'è uno dei più grandi romanzieri d'oltremanica, Charles Dickens, che proprio a Milano scopre che la nebbia non è un'esclusiva dell'Inghilterra e c'è anche chi, come George Eliot, afferma che i manoscritti conservati a Milano sono, «per interesse, superiori persino a quelli della Biblioteca Laurentina di Firenze». Ma a Milano il viaggiatore può scoprire anche una città vocata alla filantropia, con un ospedale che è una sorta di cittadella della carità, da far invidia ai lazzaretti d'oltralpe. Milano dunque è come una donna poco appariscente, dal «riserbo nordico», per usare le parole di Henry James, che guardata con occhio attento riserva però piacevoli sorprese, e così quei cortili interni delle case di cui parla Edith Wharton «che racchiudono piccole aiuole in penombra e terminano magari con una fontana...» assurgono a metafora di una città che si svela poco a poco, solo ad un occhio attento e curioso. Questa città che «non attira affatto l'attenzione a prima vista», è penalizzata, se guardata con superficialità, ma è disposta ad offrire sorprese inattese a chi saprà riservarle il giusto sguardo, come molti illustri viaggiatori del passato sono stati in grado di fare.

E. C.

Milano è una seconda Parigi
Viaggiatori britannici e americani a Milano

Thomas Coryat

[1608]

Milano è situata in una pianura, circondata dal famoso fiume Ticino già menzionato. Dapprima non era che un oscuro e umile villaggio di campagna, fondato dagli etruschi e poi abitato dagli insubri, dai quali il territorio circostante prese il nome di Insubria. Ma nel tempo, Belloveso, figlio di Ambigato, re dei celti, dopo aver conquistato il paese circostante, ingrandì questo villaggio e ne fece una bella città, esattamente al tempo di Tarquinio Prisco, quinto re di Roma. Al tempo in cui Belloveso la stava estendendo e ingrandendo, ebbe luogo un fatto straordinario, che diede origine al nome della città. Una scrofa selvatica, scappata da una vecchia casa in rovina di prima mattina, incontrò alcuni di coloro che lavoravano alla costruzione della città. Questa scrofa aveva metà del corpo coperto da setole ispide, come gli altri maiali, l'altra metà da soffice lana bianca. Questo portento fu considerato da Belloveso un segno felicissimo e fausto, così diede alla città il nome di Mediolanum, dalla scrofa coperta di lana a metà. Che motivo avesse per ritenere quel bizzarro spettacolo un segno tanto fortunato, non so, ma posso fare una congettura. Forse pensò che le ispide setole potessero presagire forza e potenza nei suoi sudditi, e la lana ricchezza di mezzi per vestire i loro corpi. Egli cinse la città di un muro largo ventiquattro piedi e alto sessantaquattro, e vi costruì sei porte. Milano ha un perimetro di almeno sette miglia e ha dieci porte in tutto, quattro delle quali sono state aggiunte da alcuni benefattori alle sei costruite da Belloveso. In questa città si possono vedere molti vecchi monumenti e altre opere dei tempi antichi. Una è la chiesa nella quale fu sepolto Sant'Ambrogio, vescovo di Milano al tempo di Teodosio I, e che egli stesso fece erigere in onore dei santi martiri Gervasio e Protasio. Questa chiesa, che ora si chiama Sant'Ambrogio, fu il primo tempio cristiano di tutta la città, e sotto il suo altare è sepolto il corpo di Sant'Ambrogio. La bara giace interrata in una profonda fossa, sostenuta da quattro catene di ferro; vicino al corpo del santo è deposto un libro da lui scritto. Vidi quest'altare; vidi anche il posto dove Sant'Ambrogio impedì a Teodosio di entrare in chiesa, dopo il grande massacro di settemila uomini a Tessalonica, fatto molto citato dagli storici ecclesiastici. Egli rimase sotto il portico della chiesa all'ingresso. Un poco più avanti dell'ingresso di questa chiesa c'è una bella cappella, nella quale sono dipinte le figure di Sant'Ambrogio, Sant'Agostino, Deodato e Alipio; perché in quella cappella Sant'Ambrogio li aveva battezzati tutti e tre a un fonte presso l'altare che ancora è visibile. Vidi anche il viottolo dove Sant'Ambrogio e Sant'Agostino passeggiavano insieme quando cantavano il *Te Deum*.

In questa chiesa vengono mostrati due antichissimi monumenti, specialmente uno che è il più antico dell'intera cristianità, se è vero quello che se ne dice; perché in tal caso la sua antichità risalirebbe a tremilacinquecento anni fa. Si parla del serpente di bronzo che Mosè eresse nel deserto come simbolo e figura del Cristo, perché coloro che fossero morsi da qualche serpente guarissero solo a guardarlo. Dicono che il serpente sia stato donato a questa chiesa dall'imperatore Teodosio. È eretto su una bella colonna di marmo, alta circa dodici o sedici piedi, nel corpo della chiesa, alla sinistra del grande ingresso. Sono sorpreso che i papisti possano essere così impudenti da illudere il popolo con questi inganni enormemente grossolani; perché è assolutamente improbabile, anzi impossibile, che questo sia il vero serpente, giacché leggiamo nelle Sacre Scritture che il divino re Ezechiele lo fece fare a pezzi, perché i figli d'Israele gli bruciavano incenso e lo chiamavano Neustan, cioè pezzo di bronzo. Eppure, nonostante la parola di Dio, questa gente non esita a dire che si tratta proprio di quel serpente. La loro impudenza sarebbe più tollerabile se si limitassero a dire che ne è soltanto una riproduzione. L'altra antichità è un

preziosissimo lavoro d'ago, intessuto con grande arte di oro e argento in abbondanza, che rappresenta una grande immagine di Mosè e scene del suo tempo. Questo ricco arazzo è appeso al soffitto della cappella dov'è sepolto il corpo di Sant'Ambrogio, e si dice che abbia duemila anni.
Tra le altre antichità, degne di nota, conservate in questa chiesa, c'è una cosa che, secondo la mia opinione, non va giudicata di minor conto, vale a dire un antico manoscritto greco, copia di due eccellenti libri che il dotto ebreo, Flavio Giuseppe, scrisse a Roma, dopo la distruzione di Gerusalemme, sotto l'imperatore Tito Vespasiano, contro Apione, grammatico d'Alessandria. Questo manoscritto è scritto su pergamena, in caratteri longobardi antichi, tanto antichi da essere addirittura rosi dai tarli. Ma debbo confessare che non vidi questo libro, ne sentii soltanto parlare in città da un erudito; ci credo però molto fermamente, in quanto Gesner lo conferma nella sua Biblioteca, includendo nell'Indice delle opere di quel col-

to dottore della Chiesa, Rufino, prete di Aquileia, il quale tradusse in latino i due libri sopraccitati. Vicino a questo tempio di Sant'Ambrogio si possono vedere i ruderi d'un tempio fatto costruire da Nerone, che lo dedicò agli dei pagani; ne restano molte colonne, ma il tetto è scoperto.

Inizialmente questa città fu convertita alla fede cristiana da San Barnaba, quando Pietro era vescovo di Antiochia, prima di venire a Roma. Tuttora si mostra a Milano il fonte vicino al quale San Barnaba visse e battezzò molti con la sua acqua, che ha ancora la virtù di curare coloro che hanno la terzana e molte altre malattie.

Il Duomo è dedicato a Nostra Signora e fu fatto costruire da Gian Galeazzo, duca di Milano, nel 1386. È una chiesa di grande splendore e bellezza, altrettanto, se non più bella, della cattedrale di Amiens, che io ho tanto magnificato. Tutta questa chiesa è fatta di marmo e vi sono molte cose notevoli da vedere. Nel coro sono sepolti molti dei Visconti di Milano, che venivano in parte dai Galeazzo, in parte dagli Sforza. Nel corpo della chiesa ci sono quattro file di colonne di marmo bianco, che abbelliscono enormemente la chiesa; ogni fila è composta da sei pilastri. Vidi anche la tomba di un vescovo di Milano, chiamato Marco, che aveva contribuito con trentacinquemila ducati alla costruzione della chiesa. Inoltre il famoso cardinale Carlo Borromeo, arcivescovo di Milano, grandemente venerato ai suoi tempi per la purezza e rettitudine della sua vita, fu sepolto in questa chiesa.

L'immagine di Cristo, che è posta a grandissima altezza sopra l'ingresso del coro, è riccamente dorata e fiancheggiata dalle figure della Vergine Maria e di San Giovanni. Proprio sopra l'immagine di Cristo sono scritte in maiuscole d'oro queste parole: *Attendite ad Petram unde excisi estis*. Ci sono sette o otto grandi altari in questa chiesa, (oltre all'altare maggiore), ornati da suntuose colonne di bel marmo. Salii quasi in cima alla torre, dalla quale contemplai la città, che offriva una vista bellissima e molto piacevole. Da lassù osservai le enormi periferie, grandi quanto parecchie belle città e circondate da un fossato pieno d'acqua; vidi anche gran parte dell'Italia insieme con gli Appennini; e mi fu indicato in quale direzione si trovano Roma, Venezia, Napoli, Firenze, Genova, Ravenna e altre città. Il territorio della Lombardia, che contemplai da questa torre, era una vista enormemente piacevole ai miei occhi, colmo com'era di una tale indescrivibile varietà di cose d'ogni genere, di quelle che danno profitto e di quelle che danno piacere, che mi pareva di vedere proprio i Campi Elisi, tanto decantati e celebrati dai versi dei poeti, o il paradiso. È infatti la più bella pianura, lunga circa duecento miglia, che io abbia mai visto, o che mai vedrò, dovessi viaggiare per tutto il mondo; tanto che dissi a me stesso che questa regione era più adatta a dimora degli dei immortali che degli uomini.

In questa chiesa è conservata una reliquia notevolissima che io non ebbi la fortuna di vedere, uno dei chiodi con i quali Cristo fu cro-

cifisso, come affermano; perché dicono che l'imperatore Teodosio la donò a Sant'Ambrogio, che la collocò nella chiesa di Santa Tecla, da dove più tardi fu trasferita in questa.
Vidi l'antico palazzo dei Visconti di Milano, che è un magnifico edificio, sulla facciata del quale sono eretti dodici busti di pietra bianco latte dei Visconti, nell'ordine in cui governarono la città. Uno di questi Visconti, il cui nome era Otto, diede il suo stemma al ducato di Milano, come dice Claudio Mignault, nei suoi dotti *Commentarii* agli *Emblemata* di Alciati, proprio al primo emblema, in cui cita una memorabile storia tratta da tre importanti autori, lo stesso Alciati, Petrarca e Paolo Giovio. Ma qui voglio riferire quello che egli prende da Giovio, e che io non posso fare a meno di lodare più del resto, visto che in questo discorso sul palazzo dei Visconti non è fuori luogo menzionare una cosa così importante. Quando Otto, visconte di Milano, uomo di grande prodezza e coraggio, partecipò alla guerra contro i turchi e i saraceni, sotto il comando di Goffredo di Buglione, un sara-

ceno di nome Volucis si fece avanti sul campo di battaglia, per sfidare a duello il più forte cristiano di tutto l'esercito. Otto lo batté con non meno fortezza che fortuna e, avendolo ucciso, ottenne da lui una preda colma di gloria immortale, cioè una vipera d'oro che fu issata sulla cresta del suo elmo, curiosamente rappresentata con le sue spire mentre divora un bambino. Questo segno della sua potenza fu poi adottato dai posteri nello stemma del ducato, poiché era una cosa che presagiva lo stato fiorente e la gloria della città. Alcuni ritengono che il citato saraceno Volucis discendesse dalla stirpe di Alessandro Magno, e che avesse usato la vipera per il suo stemma, in considerazione di una certa favola riguardante Olimpiade, madre del suddetto Alessandro, in cui si dice che una vipera una volta generò un bambino. Ella avrebbe detto di aver concepito un bambino con un drago che si era presentato a lei con le sembianze di Giove; e questa sarebbe stata la ragione per cui il suo figliolo Alessandro scelse la vipera che partoriva un bambino

come suo stemma. Questo è quanto Mignault ricava da Giovio.
Andai alla biblioteca del Cardinal Borromeo, che è un capolavoro di straordinaria bellezza, ma non è finita, per cui non v'è in essa un solo libro, ma si dice che ne sarà presto fornita. In questa città c'è un monastero singolarmente bello, appartenente ai monaci ambrosiani, nel quale vidi una suntuosa sala costruita da un certo Callisto da Lodi, nell'anno del Signore 1547, il cui soffitto è superbamente concamerato e ornato di molte squisite pitture su argomenti religiosi. Nel mezzo c'è un pulpito da dove, all'ora dei pasti, viene letta la Leggenda dei Santi. In questa sala ci sono dodici tavole, disposte cinque per lato e due in fondo, dove i monaci consumano i loro pasti seduti soltanto sul lato interno delle tavole. All'estremità inferiore della sala ci sono molte belle pitture di argomento religioso. Vi sono parecchi chiostri, molto belli per ampiezza e per lunghezza, e un gran numero di colonne. Ci sono anche una serie di gran bei loggiati, e tre o

quattro deliziosi giardini, che appartengono al convento, pieni dei frutti più vari e piacevoli. La chiesa degli agostiniani è di grande splendore, sia per la ricchezza delle colonne di marmo e per la finezza dei dipinti, che per la suntuosità del soffitto, meravigliosamente decorato di ricche borchie dorate. Era la più bella chiesa tra tutte quelle che io avevo visto fino ad allora, anche più bella della cattedrale di Amiens, benché, a dire il vero, non sia ugualmente grandiosa. Un ricco mercante genovese ha una bellissima casa in questa città, vicino alla chiesa dei gesuiti; è la più bella che io abbia visto in tutta Milano, anche più bella del palazzo dei Visconti, alta tre piani, molto grande e con molte stanze. Tutto l'esterno è di pietra bianca, ornato di notevoli opere d'arte. C'è un magnifico ospedale in questa città, con centoventi camere, nel quale quattromila poveri ricevono cure e soccorso. Si dice che abbia una rendita annua di almeno cinquantamila corone.

Nessuna città d'Italia, più di questa, ha una tale fioritura di arti manuali, due in parti-

colare apprezzate qui, non meno che in qualsiasi altra città di tutto il mondo cristiano, l'arte del ricamo e la fattura di else per spade e pugnali. I ricamatori sono artisti di rara capacità, che lavorano molto in oro e argento. I cesellatori che fanno le else sono gli artisti più raffinati che io abbia mai visto. Queste due arti sono molto praticate nella città; abbondano anche i setaioli, che per la loro abilità sono giudicati senza pari nel mondo cristiano.
La cittadella è senza confronti la più bella che io abbia mai visto, enormemente superiore a qualsiasi altra cittadella d'Europa, come ho sentito riferire da viaggiatori degni di fiducia. È così grande che sembra una città più che una cittadella, perché si distingue per grandi bei cortili, ricchi di verde, affiancati da belle file di case quasi fossero vie, nelle quali abitano gli spagnoli con le loro famiglie e vi esercitano svariati mestieri manuali. Anche in questi cortili si tengono alcuni mercati, come se fossero piazze; ne vidi quattro o cinque fatti così. La cittadella è di forza incom-

parabile, sia per la posizione naturale che per le opere d'arte. Sulla prima porta c'è questa scritta in grandi lettere latine dorate: *Philippus Secundus Catholicus, Maximus Hispaniorum Rex, Potens, Iustus et Clemens*. Tutta la cittadella è fatta di mattoni, ad eccezione di due bastioni di pietra molto robusti e antichi, è coperta di belle mattonelle, disposte in modo che tutto l'esterno è un bugnato a punta di diamante. Le fondamenta sono così profonde, che da una certa cerchia di pietra, che spunta di poco sopra il terreno, al punto più profondo c'è quanto tra quella cerchia e la cima dei bastioni. Anticamente c'era un altro bastione, molto più bello di questi due; perché aveva la facciata ornata di statue di marmo dei patroni e dei principali benefattori della città, insieme con gli stemmi degli Sforza, duchi di Milano, che l'avevano costruito; ma al tempo del dominio di Francesco, re di Francia, per uno sfortunatissimo incidente saltò completamente in aria a causa dell'esplosione della polvere che vi era conservata, e che prese fuoco per la caduta d'un fulmine nell'anno 1521. La potenza dell'esplosione non solo distrusse il bastione dalle fondamenta, ma travolse gran parte delle mura della cittadella, insieme alle stanze e alle sale adiacenti; e le pietre che saltarono in aria uccisero i due comandanti, i quali poco prima erano andati verso una piccola cappella vicino alla porta per dire le loro preghiere alla Vergine Maria, come erano soliti fare ogni giorno. I sassi uccisero anche dei soldati che alla sera uscivano all'aperto a prendere aria (questo tragico evento accadde d'estate), ad altri ruppero il capo, le braccia o le gambe, così che di duecento soldati che c'erano, soltanto dodici ne uscirono indenni. La cittadella è circondata da un fossato con acqua corrente e molti altri deliziosi ruscelli scorrono all'interno. Sopra uno di questi corsi d'acqua ci sono due mulini, uno per macinare il grano, l'altro per la polvere da sparo. Poiché questi ruscelli scorrono dentro la città con grande vantaggio per i cittadini, gli abitanti della cittadella possono, in qualunque momento lo vogliano, fermarne il corso e privarne i cittadini, con loro grave disagio; al contrario però i cittadini non possono privare dell'acqua gli abitanti della cittadella. Vicino a uno di questi ruscelli mi apparve una graziosa visione amorosa, una donna nuda dalla cintola in su, intenta al lavoro. Nella cittadella c'è un magazzino con riserve di granaglie, olio e altre cose necessarie per il sostentamento di una banda di soldati per tre anni. Nel bastione di mezzo vidi due brecce aperte a cannonate dall'armata di Carlo V, secondo quanto mi dissero i soldati spagnoli, quando egli assediò Francesco, re di Francia. Nella cittadella c'è una tale quantità di munizioni, specialmente per grossi pezzi d'artiglieria, che credo nessuna cittadella di tutto il mondo cristiano possa reggere il confronto. In ciascuno di questi due bastioni menzionati, ci sono cinque enormi pezzi di artiglieria che superano tutti gli altri. In cima alla cittadella c'è una lunghissima galleria quadrata, divisa in quattro lunghi bracci, pieni d'un sorprendente numero di cannoni, parte dei quali sono puntati a levante, contro la città, in caso dovesse insorgere, parte verso ponente, contro la campagna, se dovesse ribellarsi. La cittadella grava su gran parte della Lombardia occidentale per il mantenimento dei soldati del presidio, tutti spagnoli, che sono cinquecento. In una di queste quattro lunghe gallerie, credo di avere contato ventotto grandi pezzi d'artiglieria, oltre a quelli minori. Tra i pezzi maggiori ve n'era uno straordinariamente grosso, lungo circa sedici piedi, fatto di bronzo, una mezza colubrina, appartenuta un tempo al duca di Sassonia, del quale portava impresso lo stemma, con l'anno del Signore 1533. Alla fine dello stesso braccio c'era un altro di questi pezzi, quattro piedi più lungo del primo, che si diceva lanciasse una palla a non meno di otto miglia, cosa che io stento a credere. Questa era una colubrina intera. Si dice che in questa cittadella vi siano pezzi che sparano proiettili di ottocento libbre. Vidi anche un immane basilisco, così grosso che poteva tranquillamente contenere un uomo molto robusto. Sono tanti i pezzi d'artiglieria in questa cittadella, credo non ve ne siano meno di duecento.

C'è anche una grata di ferro per mezzo della quale tutti i pezzi sono issati nella galleria da un posto sottostante molto profondo; e c'è una piccola cappella molto bella, nella quale viene detta la messa, che ha un altare e un tabernacolo meravigliosamente ricchi. Mentre uscivo dalla cittadella, dopo averne osservato tutti i punti principali, uno spagnolo, prendendomi per fiammingo, mi rivolse gesti pieni d'ira, e alla fine inveì con tale violenza contro di me, da farmi temere, se non mi fossi affrettato a uscire con la mia compagnia, che mi avrebbe scagliato un sasso in testa, o mi avrebbe fatto bersaglio di altre violenze. C'è un odio così implacabile tra i milanesi e gli spagnoli, che né i milanesi vanno mai nella cittadella, né gli spagnoli in città, se non di sera. Nelle storie leggiamo che molti imperatori romani, e altri grandi personaggi di Roma, risiedettero a volte a Milano, un po' per svago, essendo Milano un luogo che abbonda di ogni tipo di piaceri che l'uomo possa desiderare, e un po' per difendere e rafforzare quella regione d'Italia contro le incursioni dei popoli d'oltralpe, che spesso conducevano i loro eserciti in Italia, per i valichi delle Alpi, e vessavano gli italiani. Per questa ragione stabilì la sua residenza qui Giulio Cesare, il quale, (come scrive Plutarco nella biografia), tenne onorevole ospitalità in questa città; qui risiedettero anche Pompeo Magno; Traiano, che costruì qui un palazzo suntuoso, parte del quale si può vedere ancora oggi; Adriano; Costanzo l'imperatore, terzo figlio dell'imperatore Costantino il Grande; Valentiniano I; Teodosio I, il quale, dopo le sue miracolose vittorie su Eugenio e Arbogaste in Lombardia, trascorse tre anni in questa città, in compagnia di quel divino vescovo, Sant'Ambrogio, e alla fine vi morì, anche se poi il suo corpo fu trasportato a Costantinopoli. Qui visse Galla Placidia, l'imperatrice, sorella dell'imperatore Onorio e moglie dell'imperatore Costanzo, il quale fu collega di Onorio e con lui Augusto nell'impero. Ella visse qui mentre il marito era a combattere all'estero, e costruì un tempio di grande magnificenza dedicato a Sant'Aquilino, che esiste ancora oggi, ma devo confessare di non averlo visto. Qui regnò Bertario, secondo figlio di Ariberto, nono re dei longobardi, mentre il fratello maggiore, Godeberto, regnava a Pavia. In questa città finì la vita di Pipino, re d'Italia, il secondo figlio che Carlo Magno aveva avuto dalla seconda moglie Ildegarda, che però fu sepolto a Verona, e ne vidi la tomba lì, come riferirò nel descrivere quella città. Qui morì quel famoso e vittorioso principe, Teodorico di Verona, re dei goti, che regnò trentatré anni a Ravenna, dopo aver vinto e ucciso Odoacre, che aveva usurpato il regno d'Italia per quattordici anni, espellendo Augustolo, l'ultimo imperatore di Roma, figlio di Oreste. Tra il tempo di Augustolo e quello di Carlo Magno passarono più di trecentotrentatré anni, durante i quali non vi fu nessun re d'Italia, ma un governo molto confuso e turbolento, diviso tra gli esarchi di Ravenna e i re longobardi di Pavia. Qui morì anche Ludovico, secondo imperatore con quel nome, dopo aver combattuto in Italia ora con i saraceni nel territorio di Benevento, ora con Adalgiso, principe di Salerno, nell'anno 874, diciannovesimo del suo regno. Qui nacque e visse il collega di Diocleziano, Massimiano, il sanguinario persecutore dei cristiani, che si diede il soprannome di Erculeo; qui visse dopo che Diocleziano e lui stesso ebbero abbandonato l'impero, e qui fece erigere un tempio dedicato a Ercole, che ora è consacrato a San Lorenzo. Questo Massimiano avrebbe voluto che la città non fosse più chiamata Mediolanum, ma Herculeum. Quando visse qui, ordinò che tutti gli imperatori, prima di ricevere il titolo di re d'Italia, fossero incoronati qui con una corona di ferro; solennità che è stata conservata d'allora in poi e a tutt'oggi è celebrata dai nostri imperatori cristiani nella chiesa di Sant'Ambrogio, dove sono incoronati dall'arcivescovo di Milano; ma la corona è conservata a Monza, città della Lombardia, a circa dieci miglia da Milano. Qui nacque anche un altro imperatore, Didio Giuliano, successore di Pertinace. Qui Costantino il Grande s'incontrò col suo collega nell'impero Licinio, quando marciò col suo esercito su Roma contro il suo tirannico cognato Massenzio. E prima ch'egli lasciasse questa città, qui furono celebrate le reali e magnifiche nozze tra Licinio e Costanza, sorella dell'imperatore Costantino nominato prima. Inoltre, qui hanno studiato e si sono dedicati alle muse molti uomini famosi, quali il poeta Virgilio; anche Valerio Massimo vi nacque, quello stesso che dedicò un eccellente libro di esempi all'imperatore Tiberio, oggi così comunemente nelle mani dei dotti; Alipio, che visse al tempo di Sant'Agostino; Ermolao Barbaro, patriarca di Aquileia, che fiorì al tempo di Agnolo Poliziano; Giorgio Merula, grande emulo di Poliziano; Francesco Filelfo, quell'eccellente oratore e poeta che visse nell'anno 1480; Ludovico Celio Rodigino, tanto famoso per i suoi trenta libri *antiquarium lectionum* e il famoso ed elegante civilista, Andrea Alciati, autore di molte dotte opere pubblicate, qui visse e studiò per lungo tempo. Qui nacque quel costante martire di Gesù Cristo, San Sebastiano, che fu colpito a morte con frecce sotto l'imperatore Diocleziano e la cui immagine, dipinta secondo la descrizione che si fa del suo martirio, ho visto spesso innalzata sugli altari di molte chiese papiste, come in Notre-Dame a Parigi e in diversi altri luoghi. Il governo di questa città, col mutare dei tempi, è passato nelle mani di molti signori: primo il gallo Belloveso, che l'ingrandì e la dominò per molti anni; poi il popolo di Roma; dopo gli imperatori romani, per molti anni. Seguirono gli imperatori greci di Costantinopoli, dopo che la sede imperiale fu trasferita da Roma a Bisanzio; poi i goti, la cui capitale fu Ravenna; poi i re d'Italia, dopo il tempo di Carlo Magno; vennero gli imperatori di Germania, ai quali seguirono Martino di Tours e altri nobili personaggi di quella famiglia; dopo di loro, le due potenti e illustri famiglie dei Galeazzo e degli Sforza, per centosettant'anni, fino a Francesco Sforza, l'ultimo visconte, che fu fatto prigioniero da Francesco, re di Francia, e morì il 24 ottobre del 1535; ma ora, per il fatale corso del tempo, il governo è affidato all'onorevole casa d'Austria.

La città ha sofferto molte devastazioni e spopolamenti, essendo stata devastata una prima volta da Brenno, al tempo del valoroso nobile romano Camillo; una seconda volta da quel *flagellum Dei*, il barbaro re degli unni Attila, circa quattrocento anni dopo Cristo, al tempo del pio Papa Leone I. La terza volta fu per opera di Vitige IV, re goto di Ravenna, che con la sua crudeltà spietata e violenta saccheggiò la città, e trucidò trentamila cittadini. Infine Federico Barbarossa, detto anche Enobarbo, dopo averla stretta d'assedio per due anni, la devastò con una ferocia tale che cosparse la città, e molti paesi confinanti, col sale invece che con i semi di grano, dopo averne rivoltato il terreno con un aratro. Presso questa città fu ucciso l'imperatore Gallieno, insieme al fratello Valeriano, nell'anno del Signore 271, mentre assediava Milano contro un tale Aureolo, un famoso ribelle all'impero romano. Qui, il buono e vittorioso imperatore Flavio Claudio, successore di Gallieno, fu eletto dall'esercito. Egli era stato uno dei principali capitani di Gallieno

all'assedio di Milano. Qui il già nominato Claudio vinse e uccise Aureolo, il quale fu proclamato imperatore in Dalmazia dalle legioni lì residenti, e fu uno dei trenta tiranni, dagli storici resi così famosi, che insorsero contro Gallieno in diverse province dell'impero.
Si dice che vi siano a Milano undici chiese collegiate, settanta chiese parrocchiali, trenta appartenenti ai monaci regolari, otto a chierici regolari, trentasei alle monache; in tutto centosessantotto. Vi sono nella città centoventi scuole nelle quali ai ragazzi sono insegnati i principi della religione cristiana; e si reputa che vi siano trecentomila anime. E questo è tutto su Milano.

Joseph Addison

[1700]

Non potevo rimanere a lungo a Milano senza recarmi a visitare la Grande Chiesa di cui avevo tanto sentito parlare, ma non appena vi entrai, ogni mia aspettativa andò delusa, come non mi era mai capitato; infatti, la facciata – la sola cosa che avessi visto dall'esterno – è incompiuta, e l'interno è così coperto di polvere e annerito dal fumo delle lampade che né il marmo, né l'argento, né tanto meno gli ornamenti in bronzo, fan bella mostra di sé. È una costruzione gotica di vaste proporzioni, tutta di marmo, ad eccezione del tetto, che sarebbe stato costruito con lo stesso materiale, se il peso non ne avesse sconsigliato l'uso per quella parte dell'edificio. Ma, per la ragione che ho appena menzionato, l'esterno della chiesa appare molto più bianco e candido dell'interno, poiché dove il marmo viene così spesso lavato dalla pioggia, si conserva più bello e puro che nelle parti che non sono esposte alle intemperie. Per la verità, il lato della chiesa che guarda a tramontana, è più sgradevole a vedersi rispetto agli altri, a causa della polvere e del fumo che vengono sospinti contro di esso. Questa profusione di marmi, ancorché stupefacente agli occhi degli stranieri, non ha nulla di prodigioso in un paese che possiede tante cave nelle sue viscere. Ma, benché il materiale si trovi a buon mercato, la lavorazione risulta molto dispendiosa. Si dice che vi siano milleduecento statue in tutta la chiesa, ma questa stima comprende ogni singola figura delle storie e molte piccole immagini che fanno da cornice a quelle di maggiori dimensioni. In realtà ve ne sono tante a grandezza maggiore del vero. Ne ho contate circa duecentocinquanta all'esterno della chiesa, pur calcolando solo tre lati, e sono anche meno fitte del previsto. Sono tutte statue di marmo, generalmente di buona fattura, ma la più preziosa è un San Bartolomeo appena scorticato, con la pelle che gli penzola dalle spalle; si calcola che valga tanto oro quanto pesa. Per dimostrare che hanno grande stima dell'artista, hanno inciso il seguente verso sul piedistallo:

Non me Praxiteles,
sed Marcus pinxit Agrati

Proprio davanti all'entrata del coro, si trova una cappella sotterranea consacrata a San Carlo Borromeo, dove vidi il suo corpo avvolto nelle vesti episcopali, racchiuso in una bara di cristallo di rocca posta sopra l'altare. La cappella è adorna d'una gran quantità d'argento. Quando fu nominato arcivescovo di Milano, egli aveva appena ventidue anni, e quarantasei alla sua morte, ma, con le sue opere di carità e generosità, seppe fare tale buon uso della sua breve esistenza, che i suoi concittadini ne celebrano la memoria, ancora viva in tutti. Fu canonizzato un centinaio di anni fa, e se mai qualcuno si è meritato questo onore, penso che le virtù pubbliche vantino maggiori diritti dell'eremitaggio, di un fervido zelo contro le eterodossie, di una serie di visioni chimeriche e strane penitenze, che sono in genere i requisiti dei santi cattolici romani. A dire la verità, si pretendono miracoli da quanti aspirano a tale dignità, perché si ritiene che qualsiasi ipocrita possa imitare un santo in ogni altra cosa e di miracoli se ne attribuiscono una grande quantità al personaggio in questione. I suoi meriti e l'insistenza dei concittadini ne hanno determinato la canonizzazione prima del consueto; è infatti abitudine della Chiesa cattolica romana non concedere questo onore finché non siano trascorsi cinquant'anni dalla morte dell'interessato. A quel punto è lecito supporre che siano scomparsi tutti i suoi contemporanei, che avrebbero potuto contestare un presunto miracolo o ricordare qualche peccato del santo. C'è da meravigliarsi che i cattolici romani, che sono appassionati a questo tipo di culto, non prediligano gli apostoli, che hanno senz'altro diritto al titolo di santi assai più di quelli dei tempi moderni, ma essi al momento non sono molto di moda in Italia, dove non esiste quasi città di una certa importanza che non dimostri particolare devozione a qualche santo di sua scelta. Nasce quindi il sospetto che gli interessi di singole famiglie, ordini religiosi, conventi o chiese, esercitino grande influenza sulle canonizzazioni. Mentre ero a Milano, mi capitò di vedere un libro appena pubblicato, dedicato all'attuale capo della famiglia borromea e intitolato *Discorso sull'umiltà di Gesù Cristo e di San Carlo Borromeo.*

La Grande Chiesa di Milano possiede due superbi pulpiti di bronzo, ciascuno dei quali s'avvolge attorno ad un grosso pilastro ed è sostenuto da enormi figure dello stesso metallo. La storia del Salvatore, o meglio della Beata Vergine (poiché è con la nascita di lei che inizia, e termina con l'incoronazione in cielo, includendo la storia del Salvatore a titolo di episodio) è magistralmente scolpita nel marmo da Andrea Biffi. È una chiesa molto ricca di reliquie, che risalgono addirittura a Daniele, Giona e Abramo. Tra le tante, figura un frammento del nostro connazionale Becket; sono infatti pochi i tesori di reliquie in Italia che non vantino almeno un dente o un osso di questo santo. Sarebbe un'impresa infinita contare tutte le ricchezze d'argento, oro e pietre preziose che sono stipate in questa e in altre chiese di Milano. Mi fu detto che a Milano ci sono sessanta conventi di monache, ottanta di frati, e duecento chiese. Presso i celestini si conserva un dipinto *a fresco* delle nozze di Cana, di grande pregio, ma il pittore, chissà se di proposito o meno, ha disegnato sei dita nella mano di una delle figure: esse indicano le porte della chiesa che Sant'Ambrogio sbarrò all'imperatore Teodosio, ritenendolo indegno di assistere alle funzioni religiose finché non avesse espiato, con una penitenza esemplare, il barbaro massacro degli abitanti di Tessalonica. L'imperatore, comunque, non se la prese affatto per il comportamento del santo, anzi, alla propria morte gli affidò l'educazione dei figli. Molti visitatori hanno tolto schegge di legno dalle porte per farne reliquie. C'è una piccola cappella, riedificata di recente, dove lo stesso santo battezzò Sant'Agostino. Un'iscrizione incisa su una parete ricorda che fu in quella cappella e in quell'occasione che egli cantò il suo primo *Te Deum*, e che il suo insigne convenuto gli rispose versetto per versetto. In una chiesa vidi un pulpito ed un confessionale finemente impreziositi da lapislazzuli e marmi vari, ad opera di un padre del convento. È una vera fortuna per un religioso, con tanto tempo a disposizione, aver modo di divertirsi così e capita spesso di imbattersi in singoli membri dei conventi che, dotati di un eccezionale talento, si dilettano, nelle ore libere, di pittura, scultura, architettura, giardinaggio e altri lavori manuali. Poiché ho menzionato i confessionali, trascriverò alcune delle iscrizioni che li adornano nei paesi cattolici romani, tutti passi tratti dalle Sacre Scritture che riguardano il penitente e il sacerdote:

Abi, Ostende Te ad Sacerdotem
Ne taceat pupilla oculi Tui
Ibo ad Patrem meum et dicam,

Pater peccavi
Soluta erunt in Coelis
Redi Anima mea in Requiem tuam
Vade, et ne deinceps pecca
Qui vos audit, me audit
Venite ad me omnes qui fatigati estis et onerati
Corripiet me justus in misericordia
Vide si via Iniquitatis in me est, et deduc me in via aeterna
Ut audiret gemitus compeditorum.

Visitai poi la Biblioteca Ambrosiana, dove, al fine di mostrare il genio italiano, hanno speso più denaro per i dipinti che per i libri. Tra le teste di numerosi eruditi non vidi neanche un inglese, ad eccezione del vescovo Fischer, che Enrico VIII mise a morte per essersi rifiutato di accettare la sua supremazia. Per la verità, i libri costituiscono la parte minore dell'arredo che di solito si vede in una biblioteca italiana, che in genere è decorata da quadri, statue ed altri ornamenti, laddove possono permetterselo, alla maniera degli antichi Greci o romani.

Plena omnia gypso
Chrysippi invenias: nam perfectissimus horum
Si quis Aristotelen similem vel Pittacon emit,
Et jubet archetypos pluteum servare Cleanthas.

In una sala dietro la Biblioteca sono conservate parecchie rarità concernenti la pittura e la scultura, sovente descritte dai viaggiatori, quali gli *Elementi* di *Bruegel*, una testa di Tiziano, di sua mano, un manoscritto in latino di Giuseppe, redatto, secondo il vescovo di Salisbury, all'epoca di Teodosio, e un altro di Leonardo da Vinci che il re Giacomo I non riuscì a procurarsi pur offrendo in cambio tremila pistole spagnole. Contiene alcuni progetti di meccanica e ingegneria: tra gli altri, mi fu mostrato un disegno raffigurante bombe e mortai, simili a quelli attualmente in uso.
Il museo del canonico Settala viene sempre indicato agli stranieri tra le curiosità di Milano, ma non scenderò nei particolari, poiché esistono molti resoconti a tale proposito. Per quanto riguarda le curiosità naturali, prestai particolare attenzione ad un cristallo conte-

nente un paio di gocce che sembravano acqua quando venivano agitate, ma forse non erano altro che bolle di aria. Una rarità tale mi è capitato di vederla anche a Vendôme, in Francia, dove sostengono che si tratti di una lacrima versata dal Redentore su Lazzaro e raccolta da un angelo che la racchiuse in una piccola fiala di cristallo per donarla a Maria Maddalena. Il famoso Père Mabillon è al momento impegnato nella difesa di questa lacrima, che un erudito ecclesiastico nei pressi di Vendôme definisce, in un libro dedicato al vescovo diocesano di Blois, una reliquia falsa e ridicola. È di proprietà di un convento benedettino che trae un profitto notevole dalla devozione di cui è oggetto, e il padre più dotto dell'ordine è stato incaricato di scriverne [...]. Mentre percorrevo una delle strade di Milano, rimasi molto meravigliato nel leggere un'iscrizione relativa ad un barbiere che aveva cospirato con il commissario della sanità ed altri, per avvelenare i concittadini. C'è uno spazio vuoto nel punto in cui sorgeva la sua casa, nel mezzo del quale si leva una colonna con la scritta *Colonna Infame*. Copierò la storia, poiché non l'ho mai vista trascritta in precedenza.

In questo spazio vuoto, si trovava la bottega di Giangiacomo Mora, il quale, avendo cospirato con Guglielmo Platea, commissario di salute pubblica, e altri, durante l'epidemia di peste, distrusse le vite di numerosi cittadini spargendo veleni. Il senato ordinò perciò che, in quanto nemici della città, venissero sottoposti al supplizio della ruota, il loro corpo fosse torturato con tizzoni roventi e la loro mano destra tagliata; e, dopo essere stati sei ore sulla ruota, venisse tagliata loro la gola e i corpi fossero bruciati; e, perché non rimanesse segno alcuno di tali uomini malvagi, ordinò che i loro beni fossero sepolti e le loro ceneri disperse nel fiume. Al fine di perpetuare la memoria di questo evento, si dispose che la casa in cui si ordì il misfatto venisse demolita e mai più ricostruita, e che una colonna fosse innalzata al suo posto, chiamata «Infame». Fuggite di qui, bravi cittadini, non lasciate che questo infame suolo vi infetti. 1 agosto 1630.

La cittadella di Milano ha fama di essere in Italia un'ottima fortificazione e ha resistito anche dopo la conquista dell'intero ducato. Il suo governatore non è soggetto a quello di Milano, come i persiani erano soliti tenere divisi i governanti delle province e delle fortezze, per prevenire eventuali congiure.

A due miglia da Milano sorge un edificio che sarebbe stato un capolavoro nel suo genere, se l'architetto lo avesse progettato per produrre un'eco artificiale: facemmo fuoco con una pistola e sentimmo ripercuotersi lo sparo per più di cinquantasei volte, sebbene l'aria fosse alquanto nebbiosa. Le prime ripetizioni si susseguono ravvicinate, ma l'eco si ode più distintamente man mano che svanisce. Ci sono due muri paralleli che si rimandano il suono a vicenda, finché non cessa l'ondulazione, proprio come le numerose riverberazioni della stessa immagine riflessa in due specchi contrapposti. Padre Kircher ha dissertato su questa eco particolare, come ha fatto in seguito Padre Bartoli in un'ingegnosa disquisizione sui suoni.

Explication de la division politique de l'Italie par sa configuration géographique et l'absence de pouvoir fort

Lo Stato di Milano somiglia ad un vasto giardino, circondato da un imponente ammasso di rocce e montagne. In verità, se si considera il volto dell'Italia in generale, si potrebbe pensare che la natura l'abbia scomposta in quella varietà di Stati e governi che vi si trova. Infatti le Alpi ad un'estremità, e la lunga catena degli Appennini che la attraversa in gran parte, si diramano in un'infinità di divisioni eterogenee, che servono da confini e fortificazioni agli staterelli sparsi al loro interno. La nazione risulta quindi frantumata in una moltitudine di singoli regni e repubbliche, già dai più antichi resoconti che di essa si conservano, finché il potere dei romani, come un torrente che straripa dagli argini, non abbatté tutto ciò che trovava sul suo cammino, dilagando negli angoli più remoti del paese. Ma quando questo potere divenne incapace di sostenersi, ritroviamo il governo dell'Italia spezzettato nuovamente in quella varietà di suddivisioni che s'adatta perfettamente alla sua configurazione. Alla corte di Milano, così come in tante altre d'Italia, amano vestire e comportarsi alla maniera dei francesi. Si può comunque osservare negli italiani una certa goffaggine, la qual cosa fa apparire tutt'altro che naturali le arie che si danno. È davvero molto strano che esista tanta diversità di costumi, pur essendoci così poca differenza d'aria e di clima. I francesi sono sempre aperti, socievoli e ciarlieri, gli italiani al contrario, sono rigidi, cerimoniosi e riservati. ... Per tornare a Milano, scriverò qui la descrizione che ne fece Ausonio.

Et Mediolani mira omnia, copia rerum,
innumerae cultaeque domus, facunda virorum
ingenia et mores laeti, tum duplice muro
amplificata loci species populique voluptas,
circus, et inclusi moles cuneata theatri, templa
Palatinaeque arces opulensque moneta
et regio Herculei celebris sub honore lavacri;
cunctaque marmoreis ornata peristyla signis
moeniaque in valli formam circumdata limbo.
Omnia quae magnis operum velut aemula formis
excellunt nec iuncta premit vicinia Romae.

Edward Gibbon

[1764]

Siamo entrati nel milanese da un piccolo villaggio che si chiama Buffalora, e siamo arrivati a Milano a mezzogiorno... Siamo andati a vedere la Grande Chiesa. È una costruzione enorme cominciata nell'anno 1386. È uno dei grandi sforzi dell'architettura gotica e anche uno degli ultimi. Si sa che non è terminato, e non si ignora perché non lo sarà mai. Poiché i milanesi sono attualmente meno ricchi e meno superstiziosi di quanto fossero allora, i religiosi si vedono ridotti alla loro rendita fissa di 25.000 scudi, che non permette di eseguire grandi progetti. La chiesa ha una pessima collocazione, strangolata dalle costruzioni vicine che ne limitano la vista. L'interno non mi ha particolarmente colpito. Per prima cosa si presenta un portale che non è finito. È estremamente decorato, ma appare appena sufficiente per un edificio di tale grandezza. Tutte le parti esterne sono ornate da un numero eccessivo di statue di tutte le dimensioni, sostenute per la maggior parte da piccoli piedistalli che sporgono dal muro; forse questo metodo funziona meglio che affondarle in piccole nicchie. Ma l'immaginazione non è forse ferita dal vedere piccole figure umane ad una tale altezza e in una posizione in cui nessun uomo sarebbe in grado di reggersi? Meglio queste figure sono lavorate, più l'illusione è violentata da una posizione così innaturale; soprattutto quando questa posizione non è in rapporto alcuno con il loro carattere, né con l'insieme della costruzione. Malgrado questa profusione di ornamenti, l'esterno ha l'aspetto piccolo e meschino; vi si nota un'aria vetusta comune alle costruzioni gotiche, e non evoca che un'idea di rovina e debolezza, così come l'unità delle proporzioni antiche ispira quella di forza e solidità. La navata della chiesa è sostenuta da cinquanta colonne di marmo. Queste sono scannellate e possono avere un diametro anche di dieci piedi. Quando non si guarda che alle colonne, queste sono davvero di una bella altezza, e tuttavia la chiesa che sorreggono è certamente troppo bassa; convengo che voler raggiungere l'altezza di una grande cattedrale è un'idea tanto ardita quanto difficile nell'esecuzione. Questa chiesa porta appena la figura della croce. I bracci sono eccessivamente corti e consistono ognuno nella profondità di una cappella. Quella che forma il braccio sinistro è quella di San Giovanni il Buono, il cui ingresso è ornato da due colossali statue di marmo. Sarebbe meglio dire che l'intera chiesa è di marmo, le mura, le colonne, la cupola, tutto è di marmo, per la maggior parte grezzo e per il resto mal lucidato. Ci si stupisce del lavoro e della spesa profusi in luoghi dove non saranno quasi mai notati, coi bassorilievi e le modanature intagliati fin negli anfratti dei muri. Questo marmo viene da Lavegio e dai confini della Svizzera. È stato risparmiato il marmo solo per il pavimento che è per la maggior parte di mattoni. Ho visto che è stata iniziata una pavimentazione di marmo di diversi colori che sarà bellissima, ma che per adesso si trova solo intorno alla cappella di San Carlo Borromeo. Questo ingresso, che è proprio a metà della chiesa, è chiuso da una piccola balaustra e difeso dalla troppo curiosa devozione del popolo da un'inferriata di ferro. Quando si scende si resta abbagliati dalla magnificenza, i muri sono tappezzati da un drappo d'oro divisi da statue d'argento che rappresentano le virtù che distinsero San Carlo. Sono otto, vuote e di grandezza media. Tra il parato e il soffitto domina una serie di pannelli d'argento massiccio che rappresentano a bassorilievo le principali azioni della vita del santo. Il lavoro è rifinito piuttosto bene; io distinguerei soprattutto quello dove San Carlo dà la comunione agli appestati. Il corpo del santo riposa sull'altare. Quando si toglie un coperchio di legno che è sempre chiuso a chiave, si scopre la bara. È di un bellissimo cristallo di rocca, i cui pezzi esagonali sono incastonati d'argento. Il santo è supino, abbigliato con gli abiti episcopali, la mitra in testa e il pastorale al suo fianco. Tutti questi paramenti sono arricchiti d'oro e di gemme. Il suo palio è fermato da una fibbia con un rubino incastonato fra sei diamanti. Alla mano destra ha un anello con un topazio orientale molto bello. Questa cappella misura dieci braccia di lunghezza, otto di larghezza e cinque di altezza. Secondo una descrizione della chiesa gli ornamenti d'argento pesano milleseicento once. Nel coro della chiesa si vedono con piacere gli stalli dei canonici che sono di un bel noce, lavorati a bassorilievo, dove sono rappresentati gli atti di Sant'Ambrogio. La materia non è ricca, ma l'opera è di grande bellezza e immagino che gli ecclesiastici debbano guardare con grande piacere la scena dove il grande Teodosio è umiliato ai piedi di un prelato orgoglioso. È dietro questo coro che si vedono le grandi finestre, i cui vetri sono istoriati con le immagini del Vecchio e del Nuovo Testamento. I colori sono tuttora di una bellezza eclatante. Qui si trova anche la famosa statua di San Bartolomeo, stimata a peso d'oro. Penso in effetti che Agrati sia riuscito molto bene a esprimere tutto lo stato fisico di un uomo che viene scorticato, lo stiramento dei nervi e dei muscoli, e la nudità delle vene e delle arterie, ma penso che Prassitele avrebbe messo più espressività nei tratti, non avrebbe mai lasciato il santo in un atteggiamento così tranquillo in mezzo ai tormenti più violenti e non sarebbe stato ridotto all'espediente ridicolo di mettergli in mano un coltello, per marcare la crudeltà dei carnefici. Alla fine mi sembra un eccellente operaio, ma un artista privo di genio. Però è quando si esce dalla chiesa per salire alla cupola che si percepisce l'intensità dell'opera. Si trova una scala ampia e comoda che conduce su una terrazza di pietra in pendenza che circonda la chiesa, all'incirca alla metà della sua altezza. Su questa terrazza ho visto cento colonne che la circondano e la cui costruzione è singolare. Sono un insieme di un numero quasi infinito di piccole colonne che si elevano a più piani, e digradano costantemente fino alla cima della colonna, che è coronata da una statua colossale. Tutti gli interstizi delle piccole colonne formano altrettante nicchie, sono riempite dall'alto in basso da figure più o meno grandi che l'occhio fatica a distinguere. Si continua a salire da una scala praticata al centro di un obelisco di marmo, artisticamente lavorato a traforo. Dopo aver salito molte altre scale, alcune delle quali di legno non ancora terminate, ci si trova nella parte alta della cupola, e ad una piccola finestra che si trova precisamente a centoventiquattro braccia sopra l'ingresso della cappella di San Carlo. Si arriva alla fine, attraverso una scaletta all'aperto, sulla piattaforma di una torre costruita sopra la cupola e che dà centotrentadue braccia all'altezza attuale della chiesa, e la nostra guida ci ha assicurato che si vogliono aggiungere ancora sessanta braccia d'altezza. Da questa piattaforma si domina la città di Milano che pare di forma quasi circolare e di un'ampiezza immensa, così come questa pianura che è delimitata solo dalle Alpi.

La sacrestia della chiesa è di una ricchezza abbagliante. Una moltitudine di ornamenti pontificali, di pale d'altare eccetera, cariche d'oro e d'argento, e arricchite di pietre preziose, una cassetta d'oro, dono di una regina di Spagna, i cui cassetti sono interamente pieni di perle, statue d'argento a grandezza naturale di San Carlo, Sant'Ambrogio e del Re di Sardegna. La mia memoria nemmeno se ne ricorda, tale è la quantità di ricchezze che sono passate rapidamente davanti agli occhi e che non mostrano altro che la politica della Chiesa e la stupidità dei nostri predecessori.

Ecco le dimensioni della Grande Chiesa di Milano:

Lunghezza interna 248 braccia
Punto più stretto 96 braccia
Punto più lungo 146 braccia
Altezza della navata centrale 80 braccia
Altezza della navata laterale 50 braccia
Altezza della cupola 130 braccia.

Ho tratto queste dimensioni dal *Ragguaglio del Duomo di Milano. In Milano 1739.* Ignoro ancora quanto misuri un braccio.

Dopo il pranzo ci siamo recati a visitare la cittadella. È una grande costruzione, le cui fortificazioni non sembrano essere considerevoli. Ho osservato con piacere una parte del Reggimento di Baden-Baden che si esercitava, diviso in compagnie, davanti alla cittadella. Erano in giubbetto, privi di uose e cipria, avevano un'aria militare a cui la pulizia e la bellezza degli uomini contribuivano non poco. Nulla può superare la precisione del loro addestramento. Nel tiro, aprono i ranghi per ricaricare e questa manovra, che è unicamente affidata al soldato, si svolge con una velocità e una precisione che mi ha meravigliato. Quando vogliono sparare le prime due file mettono un ginocchio a terra; il primo non spara e, abbassandosi, lascia sparare gli altri. Infine, quando anch'egli spara, ricarica senza alzarsi, passando il fucile dalla parte destra per mettere la polvere e dalla parte sinistra per tirar fuori la bacchetta. Gli ufficiali mi sembravano molto precisi, ma, malgrado ciò che si dice della severità della disciplina austriaca, non ho visto dare un solo colpo di bastone.

Martedì 15 – Abbiamo visitato la Biblioteca Ambrosiana. All'esterno ha più l'aria di un negozio di libri che di una biblioteca. Quando si entra non si vede che una sola sala, non particolarmente grande. Essa possiede due file di banchi, pieni di persone che sembravano molto occupate a leggere o a scrivere. Si permette loro l'uso dei libri, ma solamente all'interno della biblioteca. Il servitore che ci ha accompagnati, ci ha assicurato che c'erano 60.000 volumi a stampa e 15.000 manoscritti. Credo che questo numero sia eccessivo, anche ad un calcolo approssimativo non possono esserci più di 25.000 libri a stampa e 5 o 6.000 manoscritti. Tra questi ce ne sono stati mostrati due molto curiosi.

1. Un manoscritto della traduzione latina che Rufino fece nel quarto secolo della *Storia della Grande Guerra Giudaica* di Giuseppe. È scritto su un papiro molto mal conservato, come al solito, e porta tutte le caratteristiche di una grande antichità, ma non so perché se ne voglia fare un autografo. La scrittura è legata e corrente così come deve essere stata la

scrittura dei romani. Nell'uso comune le lettere onciali dovevano essere poco pratiche. 2. Un manoscritto delle opere di San Gregorio di Nazianzo che è tutto l'opposto del primo. È su pergamena nel miglior stato del mondo. Le lettere sono grandi, quadrate e perfettamente ben formate, come quelle delle iscrizioni. È ornato da un gran numero di miniature relative all'argomento che sembrano utili per la comprensione dei costumi, e soprattutto dell'abbigliamento ecclesiastico di quel secolo. Si pensa che questo manoscritto possa essere dell'ottavo secolo. Non dubito che nel resto della biblioteca ci siano molte altre cose curiose, tra un mucchio di leggende, rituali e breviari, ma noi abbiamo per guida un domestico ignorante che sa appena il francese. Dalla biblioteca si attraversa un piccolo cortile, circondato da un portico, per entrare nelle sale della pittura e della scultura. Queste non ospitano che delle copie in gesso dei capolavori che si vedono a Roma e altrove. La maggior parte molto mal fatti. In una vetrinetta è stata messa anche la collezione di

Settala, che è costituita da conchiglie e fossili, cose per le quali non sono mai andato pazzo. Quel che ho guardato con maggiore piacere nella sala della pittura si riduce a:

1. Una Vergine col bambino Gesù di Rubens. La coloritura è molto bella, ma ho trovato che il Gesù abbia più l'aria di un uomo ben formato, e che tutte le membra, benché piccole, non abbiano le proporzioni di quelle di un bambino, la testa grossa, il corpo, le braccia e le gambe carnose e quasi senza ossa. Se si vuole distinguere il piccolo Gesù dai bambini comuni, mi sembra che non si possa farlo solo attraverso l'espressione del viso.

2. Quattro quadri di Bruegel che rappresentano i quattro elementi. Sono meno graziosi, ma ben più ingegnosi di quelli dell'Albani a Torino. L'aria, l'acqua e la terra sono rappresentati con gli animali che sono loro propri, e il fuoco, che non fornisce questa risorsa, è mostrato coi differenti usi che gli uomini ne hanno fatto. Quest'ultimo quadro mi è parso di grande forza per l'intelligenza delle ombre e la giustezza del disegno. Quello del-

l'aria è molto grazioso. L'acqua non offre che un soggetto triste. I suoi animali, benché vari in se stessi, sono a noi meno noti, sono tutti privi di atteggiamento, e in una situazione forzata, poiché non si può rappresentarli che sottraendoli al loro stato naturale. Ma più di tutti preferisco la terra. Quasi tutti gli animali vi sembrano rappresentati con una finezza che non si fa notare, finché non li si esamina con la lente. Si direbbe che Bruegel abbia voluto rappresentare il secolo d'oro bene quanto gli elementi. Un bue (una figura affascinante) che rumina, senza timore, al fianco di un leone e di una tigre che si accarezzano, non è un bue di questo secolo di ferro.

3. Un grande libro di disegni di Leonardo da Vinci che serve almeno a mostrarci le vaste conoscenze del suo autore che illustra gli usi del suo tempo e dell'antichità, così come le sue invenzioni, in tema di meccanica, architettura, navigazione, arte militare eccetera. In quest'ultimo sono state scoperte le bombe che si credevano più moderne. Cochin suppone che questo disegno sia di un'altra mano.

Io non l'ho sentito dire. Del resto la controversia è poco importante. Attualmente si sa che le bombe sono note dal tempo di Carlo VIII, e d'altronde questo disegno non decide sull'epoca in cui si è iniziato a servirsene. Prova l'antichità dell'idea, ma non quando fu pubblicata, e ancor meno il suo uso. Poi ancora abbiamo visto: 1. *L'Ospedale*. È una grande costruzione quadrata a due piani ornata di portici e di un'architettura molto bella. Sono entrato solo nel cortile. 2. *La Chiesa di Sant'Alessandro*. Vi si scoprono poche bellezze e meno difetti. È una grande chiesa coperta di ornamenti a profusione, di bell'effetto, se non li si guarda nel dettaglio. 3. *La Chiesa di Santa Maria della Vittoria*. Si vede sull'altare maggiore un quadro dell'Assunzione di Salvator Rosa, ma io vi vedrei un colore meno scuro, soprattutto nella parte superiore. 4. *La Chiesa di San Lorenzo*, che è graziosa, ma di un'architettura molto composita e piuttosto bizzarra, mi piacciono abbastanza questi due ordini nelle navate profonde dell'ottagono, opposte al solo ordine che sostiene le navate di destra; ma io vorrei bandire da qui i pilastri. Vicino a questa chiesa si vedono le sole vestigia dell'antichità che esistano ancora a Milano. Un colonnato di sedici grandi colonne, di tipo corinzio, ma di un corinzio che mi pare un po' alterato. La maggior parte di queste colonne sono molto danneggiate e anche un po' affondate a terra; ho potuto vedere tuttavia con sorpresa che, benché romane, non hanno piedistallo. Gli intervalli fra l'una e l'altra possono essere tre diametri di colonne, ma quello del centro misura doppio e il cornicione si arrotonda in alto per formare un arco non intero. Qualunque fosse lo scopo di questo colonnato, che appare troppo esteso per la facciata di un tempio, giustifica ciò che dice Ausonio di un gran numero di peristili che si vedono a Milano. 5. *La Chiesa di Santa Maria in Celso*. Una piccola corte circondata da un portico separa questa chiesa dalla strada. La sua facciata è ben graziosa, ma abbondantemente ricoperta di statue. Sono notevoli soprattutto quelle di Adamo ed Eva, e in particolare quest'ultima che

Porta Ticinese

mi sembra di grande bellezza. I contorni sono naturali e ben rifiniti, il volto è tenero, vi si distingue anche quella mescolanza di rimorso e di desiderio, espresso dall'atteggiamento che con una mano respinge il tentatore, mentre stende l'altra per prendere la mela. Il serpente è singolare. È una figura umana fino alla cintura; ha già colto il frutto che offre a Eva. Trovo la statua di Adamo un po' piccola rispetto a quella di Eva, difetto importante in un'opera che deve creare un tutto unico. Queste statue sono di Artaldo de Lorenzi, fiorentino. Nella chiesa c'è anche una statua molto bella della Vergine del Fontana. [...]

Venerdì 18 – [...] Nel pomeriggio abbiamo visitato due chiese, quella di Sant'Antonio e quella della Passione. La prima è di un'architettura elegante e leggera, la seconda è più massiccia e più buia, ma carica di ornamenti. Sono stato anche alla Commedia Italiana. Il teatro è più grande di quello di Torino e non meno bello. [...] Milano è una città più grande che bella. Le case sono poco appariscenti e le strade sono strette e piene di sinuosità che le rendono poco gradevoli, soprattutto di notte, quando non sono illuminate...

Charles Burney

[1770]

Lunedì 16 luglio – Questa città è grande e popolosa, ma non colpisce affatto quando vi si entra. Le strade sono strette e irregolari e la cattedrale, chiamata Duomo, che è il suo punto forte, non è per grandezza ciò che mi aspettavo. Non ne conosco le misure, ma sembra meno grande di molte delle nostre cattedrali gotiche. I pilastri sono molto massicci, più eleganti però di quelli di Notre-Dame, a Parigi, ma il marmo con cui è stata interamente edificata non è migliore della pietra grezza; infatti, non essendo levigato, nasconde la sua bellezza e, se non mi fosse stato detto, non ne avrei mai saputo il valore. All'interno questa notevole costruzione è largamente decorata con statue e dipinti di grandi artisti.

La musica sacra e i musicisti di Milano

Nel Duomo ci sono due grandi organi, uno ad ogni lato del coro. Nei giorni festivi si eseguono oratori a due cori, con l'accompagnamento dei due organi; nei giorni feriali si suona un organo solo. Gli organisti sono due, uno di loro era M. J. Bach, prima che andasse in Inghilterra; attualmente il primo organista è il signor G. Corbelli che è considerato un professionista di grande esperienza. Lo ascoltai molte volte; suona con uno stile grave e sapiente, confacente al luogo ed allo strumento. La musica è largamente coltivata in questa città grande e popolosa. Il signor Battista San Martini è organista in due o tre chiese; il signor Giardini mi aveva procurato per lui una lettera di presentazione e per merito suo fui accolto assai cordialmente. È fratello del famoso Martini di Londra che ci deliziò per tanto tempo con i suoi concerti per oboe e con altre sue composizioni. La musica del signor Battista San Martini di Milano è molto nota in Inghilterra.

Ma quel che più mi interessava qui era il canto ambrosiano, cioè il servizio liturgico, caratteristico di Milano, secondo lo stile instaurato da Sant'Ambrogio, duecento anni prima del canto romano o di San Gregorio che dir si voglia.

Martedì 17 luglio – Dopo aver ascoltato il servizio liturgico cantato nello stile ambrosiano, tipico di questa città, fui presentato al signor Gianandrea Fioroni, *Maestro di Cappella* della cattedrale, mi invitò a entrare nell'orchestra e mi mostrò le musiche liturgiche che si sarebbero cantate quel giorno, stampate con matrici di legno, con le note molto grandi, a quattro parti, *cantus* e *tenor* sulla sinistra, *altus* e *bassus* sulla destra, senza la divisione in battute. Su questo solo libro avrebbero cantato le quattro voci, senza l'organo, ma dopo aver avuto l'intonazione dall'organista. Cantavano un ragazzo e tre *castrati*, per le voci di *soprano* e *contralto*, con due tenori e due bassi, sotto la direzione del signor Fioroni che batteva il tempo e cantava anche lui di tanto in tanto. Questi canti furono composti circa centocinquant'anni fa da un maestro di Cappella del Duomo e sono molto simili ai nostri canti liturgici della stessa epoca, buoni per l'armonia, con una costruzione abile e ingegnosa, ma privi di melodia.

Di là mi recai a casa del signor Fioroni, che fu così cortese da mostrarmi tutte le sue curiosità musicali, in precedenza mi aveva gentilmente mostrato tutte quelle che c'erano nella *Sacristia*. Poi mi suonò e cantò per intero un oratorio da lui composto e mi offrì anche in dono la copia della partitura di uno dei suoi canti liturgici a otto parti per due cori. L'avevo pregato di darmela perché pensavo di pubblicarla, per convincere tutti che, per quanto lo stile teatrale e quello liturgico siano oggi in Italia assai vicini, in particolare quando siano impiegati strumenti e cantori supplementari, tuttavia lo stile antico e solenne non si è del tutto perso.

L'opera di Milano

Piccinni era stato quest'anno a Milano durante il Carnevale, e per l'occasione aveva composto un'opera seria. I cantanti principali erano il signor Aprile, primo attore, la signora Piccinelli, prima donna, M. e Mad. Pic come primi ballerini. Dopo il Carnevale aveva composto una burletta intitolata *Il Regno della Luna,* rappresentata da quegli stessi attori, che si trovavano ancora a Milano. Piccinni era ripartito poco prima del mio arrivo. Le rappresentazioni dell'opera seria hanno luogo a Milano soltanto durante il periodo di Carnevale. La prima burletta che ascoltai fu *L'Amore Artigiano*; la rappresentazione aveva inizio alle otto e non finiva che a mezzanotte. La musica – nel complesso abbastanza graziosa – era stata scritta dal signor Floriano Gasman, compositore al servizio dell'imperatore, che suonava il clavicembalo. Vi erano sette personaggi, tutti piuttosto ben delineati, ma nessuno dei cantanti eccelleva.

La danza di quest'opera era molto divertente. Vi erano impegnati un gran numero di ballerini e di comparse, oltre a due *saltatori*, il signore e la signora Palecini, ai quali si tributarono più applausi che a tutti gli altri; in effetti erano sorprendentemente agili. Altri due danzavano *all'Inglese*, e vi era anche un *peruquier* francese in questa burletta, il cui canto avrebbe dovuto essere nello stile francese, ma l'effetto era come quando noi inglesi vogliamo imitare gli italiani, cioè qualcosa di simile a quelle povere insegne degli alberghi che portano il nome di un re o di una regina, di solito Giorgio III o della regina Carlotta; si ride di queste contraffazioni, ma senza divertimento. Durante la danza il palcoscenico era illuminato in modo sfarzoso e in modo per me nuovo, con *lampioni coloriti*, che sortivano un effetto molto suggestivo; la scena, il soffitto e i lati della sala avevano moltissime lampade di questo tipo.

Il teatro è ampio e suntuoso, ha cinque file di palchi su ogni lato, cento per ogni fila. Parallelamente a questi corre una larga galleria tutt'intorno all'edificio, per fare da vestibolo alle file di palchi. Ogni palco può contenere sei persone che siedono ai lati, l'una di fronte all'altra; ma alcuni palchi di fronte

alla scena possono ospitare comodamente dieci persone. Di fronte ad ogni palco, attraversando la galleria mediante la quale si accede ad essi, vi è una saletta con il caminetto, fornita di tutte le comodità per i rinfreschi e per giocare alle carte. Alla quarta fila di palchi, su ogni lato dell'edificio, c'è una sala per il gioco del *faraone* aperta durante lo spettacolo d'opera. Di fronte vi è un grande palco, ampio quanto una comune sala da pranzo a Londra, riservato al duca di Modena, governatore di Milano, e alla Principessa ereditaria sua figlia, presenti quella sera.
Durante la rappresentazione il chiasso era incredibile, e non cessò se non quando si eseguirono due o tre arie e un duetto che mandarono in visibilio l'uditorio. Alla fine del duetto gli applausi scrosciarono con incessante violenza, fino a che i cantanti non lo rieseguirono: è questo il mezzo consueto per ottenere il bis dell'aria favorita. Il primo violino era Lucchini; l'orchestra assai numerosa, il luogo ad essa riservato ampio, proporzionato alle dimensioni del teatro, di gran lun-

ga più vasto del grande teatro d'opera di Torino. Nella galleria più alta gli spettatori siedono di fronte al palcoscenico, e coloro che non hanno un posto stanno in piedi dietro i sedili. Tutti i palchi sono affittati per l'intera stagione d'opera, come a Torino. Tra un atto e l'altro gli spettatori della platea salgono a passeggiare nelle gallerie. Vi fu una sola danza, ma molto lunga.

Non è caratteristica degli inglesi essere soddisfatti della condizione in cui si trovano e di ciò che hanno, ma nel complesso si può dire che l'opera comica rappresentata a Londra lo scorso inverno dovette soddisfarli pienamente, soprattutto per quanto riguarda i cantanti nettamente superiori a quelli che ho visto qui: però non mi è mai successo di trovare riuniti sullo stesso palcoscenico tre interpreti come il signor Lovarini, il signor Morigi e la signora Guadagni. L'opera qui è finanziata da trenta signori appartenenti alla nobiltà che pagano ognuno sessanta zecchini, riservandosi però un palco, i rimanenti palchi sono affittati per cinquanta zecchini la prima fila, quaranta per la seconda, trenta per la terza, e così di seguito, in proporzione. Altre entrate provengono dai posti di platea o da quelli del loggione, o *piccionaia*; le rappresentazioni hanno luogo ogni sera, eccetto il venerdì.

La Biblioteca Ambrosiana

Mercoledì 28 luglio – Questa mattina mi sono recato per la prima volta alla Biblioteca Ambrosiana, che appare minuscola dopo aver letto i resoconti dei viaggiatori e dopo aver visto la *Bibliothèque du Roi* a Parigi, che è almeno dieci volte più grande. In effetti c'è un'unica grande sala, colma di libri a stampa e due piccole stanze dedicate alla letteratura francese e ai manoscritti, poi una stanza piena di copie delle più belle e antiche statue di Roma e Firenze, infine, un'ampia sala colma di meravigliose opere dei più grandi pittori; tra questi ci sono molti inestimabili lavori di Leonardo da Vinci e Bruegel, il grande «rifinitore», i cui «quattro elementi» si dice gli siano costati la vista. Nella collezione c'è un ammirevole ritratto dell'organista Merulo, ad opera di Bruegel. Alla mia richiesta del catalogo dei manoscritti, mi fu detto che solitamente non veniva mostrato, ma avrei potuto vedere qualsiasi manoscritto della collezione, se lo avessi chiesto per titolo; ma non conoscevo né titoli, né contenuti: ero alla ricerca di novità, di nuove creature letterarie, mai toccate dalle mani di tipografi profani. Spiegai che vagabondavo per Milano principalmente per accertare in quale periodo fu istituito il Canto Ambrosiano. Il *custode* mi disse che *Padre Martini* aveva fatto la stessa ricerca, ma senza successo; e sembra inoltre che questo canto fosse stato donato a Sant'Ambrogio dai suoi stessi biografi, non ne esistono però le prove. Mi ha scoraggiato abbastanza, tuttavia finora non ho rinunciato e in seguito ho trovato presso i bibliotecari maggiore credito. Finora non avevo mostrato a costoro le mie lettere di presentazione, il cui favore, nelle mie visite successive, mi diede tutte le soddisfazioni che la biblioteca potesse riservarmi.

La sopravvalutata cattedrale e l'abbazia di San Vittore

Questa mattina sono faticosamente salito in cima al Duomo per vedere tutte le vanità di questo mondo. Ho salito con gran dolore (ero zoppicante) quasi 600 gradini, per non vedere niente più di ciò che mi sarei potuto immaginare. Non si vedeva che una distesa di tetti coperti da tegole rosse, e una bella pianura fertile, senza una collina in vista, o altro che non fossero le montagne della Svizzera. Il resto dell'orizzonte era piatto come se fossimo stati 50 leghe al largo, in mare aperto. È incredibile quanto stiano spendendo per edificare questa chiesa gotica: benché sia in costruzione da più di quattrocento anni, non è, né mai sarà finita. I lavori avanzano così lentamente che le parti più vecchie decadono più velocemente delle parti che sono in costruzione: è come versare acqua in un setaccio. Tutta la costruzione è di marmo, che proviene dalle vicinanze del Lago Maggiore, vicino a Novara. Ci sono parti belle in questa costruzione, ma complessivamente è di cattivo gusto, anche per essere una struttura gotica; i pilastri sono massicci, sia all'esterno che all'interno. La cappella sotterranea di San Carlo è immensamente ricca, tutti gli ornamenti sono di argento dorato. La storia di questo santo è raccontata nei bassorilievi. Nel pomeriggio mi sono recato a vedere l'abbazia di San Vittore, che è enormemente ricca e colma di dipinti. Da lì sono andato al convento *Delle Grazie*, dove ci sono due o tre dipinti capitali. Dopo al Corso, il grande viale, dove c'era moltissima gente, e dove il Duca di Modena, il governatore, dipingeva. C'erano la principessina e molta gente di alto rango. La carrozze qui sono molto belle, ma meno che a Parigi. Il tempo finora è stato splendido; le mattine e i pomeriggi sono freschi, il caldo del mezzodì è asciutto e sopportabile. Il cielo è autenticamente italiano, neanche una nuvola per giorni. Qui non piove quasi mai nei mesi di giugno, luglio e agosto. Gli uomini usano ventagli nel periodo estivo; e la gente di campagna indossa cappelli neri di paglia, tipo feluca, come i nostri cappelli di castoro; il colore, se non la forma, si ritiene tenga lontano il *coup de soleil,* o colpo di sole, molto temuto nei paesi caldi. Per andare in giro gli uomini indossano una veste di colore grigio, tipo vestaglia, che protegge in modo eccellente dalla polvere, che qui è dieci volte più intollerabile che nelle strade di Londra, durante i mesi più caldi dell'estate.

La meravigliosa eco di Milano

Sabato 21 luglio – Non sembrava inutile, per quello che sto facendo qui in Italia, recarmi in visita a Palazzo Simonetta, un miglio o due da Milano, per ascoltare la famosa eco, celebrata da Kircher e Daniel Bartoli, e di cui i viaggiatori hanno parlato così tanto da farmi sospettare che esagerassero. Non è questo il luogo per addentrarsi nella dottrina del riverbero; riserverò l'argomento ad un altro libro; è un dato di fatto che questa eco è meravigliosa. Palazzo Simonetta non ha altre costruzioni intorno; la campagna circostante è piatta, e non ci sono montagne in vista, se non quelle della Svizzera, che sono distanti almeno 30 miglia. Questo palazzo ora è disabitato e in rovina, ma deve essere stato molto bello; la parte frontale è aperta e sostenuta da sottili colonne ioniche, ma l'eco può essere udita solo dietro il palazzo, nel giardino, dove la casa ha due ali. Ora, benché sia naturale pensare che sia il muro di fronte a riflettere il suono, non è semplice spiegare come ciò sia possibile: la forma dell'edificio è molto comune e non ho visto altre costruzioni simili a questa produrre lo stesso effetto. Ho fatto esperimenti di ogni tipo e in ogni situazione: con la voce, lentamente, velocemente, con una tromba, che un servo che era con me ha suonato, con una pistola, con un fucile, e ho sempre trovato, conformemente alla dottrina sull'eco, che più veloce e violenta è la percussione dell'aria, più numerose sono le ripetizioni; sparando col fucile ammontavano a cinquanta, la cui intensità sembrava diminuire con regolarità e la cui distanza diveniva più remota. Un colpo di martello produceva un'ot-

tima imitazione di un esperto servo in livrea che bussi ad un uscio londinese. Un solo *ah* diventava un nitrito di cavallo e una nota della tromba diveniva il rumore più ridicolo che si possa immaginare.
Al mio ritorno a Milano, la mia intelligente guida, l'abate Moiana, mi condusse al castello, considerato una fortezza di grande potenza; le mura della città non hanno nessuna importanza, nell'età dell'ingegneria, tutta la difesa della città dipende da un castello, in cui c'è un reggimento di 3.000 soldati.

Ancora musica operistica

A Milano si trovano numerosi compositori. Oggi sono stato condotto ad ascoltare tre cantanti, sorelle, e presso di loro trovai il signor Lampugnani, che è il loro maestro. Risiede sempre in questa città, all'opera suona il primo clavicembalo, in assenza di compositori, e allestisce *pasticci*. Queste signore gli fecero grande onore eseguendo molto bene arie, duetti e trii. Una di esse cantò una lunga scena dalla *Olimpiade* di Jomelli, che è estremamente difficile; questa composizione è giustamente ammirata per l'arditezza e la sapienza della modulazione, che, pur essendo *recherchée, è* espressiva e gradevole. Mi procurai una copia di quella scena. Nella stessa casa c'era anche un buon violinista, il signor Pasqualini, che accompagnò le cantanti con grande correttezza.

Più tardi mi recai all'opera dove trovai il pubblico molto deluso: Garibaldi, il primo tenore e l'unico cantante di valore tra gli uomini, era ammalato. La sua parte era stata tagliata, e il *baritono* che, nel personaggio di un vecchio padre violento, avrebbe dovuto aggredire minacciosamente il figlio nella prima scena, non trovandoselo di fronte, sfruttò il contrattempo, divertendo molto il pubblico che si rassegnò con buona grazia all'assenza del tenore, cosa che in Inghilterra non sarebbe avvenuta; invece che al figlio assente, si scagliò contro il suggeritore che qui, come all'opera in Inghilterra, sporge la testa da un piccolo pertugio sul palcoscenico. Il pubblico fu

talmente divertito da questo inaspettato attacco al suggeritore, che è sempre considerato il nemico del divertimento, da richiedere il bis di quell'aria. Comunque, dopo il primo atto e la danza, venni via perché le luci del teatro mi facevano male agli occhi e non c'era contropartita per tale sofferenza, quindi rinunciai al resto della rappresentazione.
Stasera il mio giovane abate mi condusse di nuovo al Corso che è per lui quanto di più bello ci sia al mondo, convinto com'è che non vi sia nulla di simile in tutto il mondo; ma il suo mondo è rappresentato da Milano e da poche miglia intorno a questa città. Le tre persone più importanti per cui avevo lettere di presentazione erano ancora fuori città, la durata di questo soggiorno dipende ormai ben poco da me.

Musica in convento

Domenica 22 luglio – Questa mattina, dopo aver ascoltato la funzione del rito ambrosiano in tutta la sua perfezione, in *Duomo*, mi recai al convento di *Santa Maria Maddalena*, dove ascoltai parecchi mottetti eseguiti dalle monache: era la loro festa. La musica era del signor B. S. Martini, che è *Maestro di Cappella* e insegna canto nel convento. Mi compensò largamente dell'assenza di tempi lenti nella messa di venerdì con un *adagio* del mottetto di oggi, veramente divino, e divinamente cantato da una delle monache, accompagnate dall'organo soltanto, suonato da una consorella. Era il più bel canto che abbia mai ascoltato da quando sono arrivato in Italia; dove c'è tanta abbondanza, si diventa presto difficili. All'inizio io ero affamato e assetato di musica, ma adesso ne ero quasi saturo e si diventa critici più severi a stomaco pieno che quando si ha buon appetito. Alcune tra le monache cantarono mediocremente, ma una di esse aveva invece una voce eccezionale, piena, ricca, dolce e flessibile, un modo nitido di eseguire i trilli ed una squisita espressione; era deliziosa e faceva desiderare che continuasse all'infinito. Cantò anche un mottetto *a voce sola,* accompagnata al clavicembalo solo da un'altra monaca. In Inghilterra c'è una lamentela generale contro gli accompagnatori troppo rumorosi; e se là questo è un male, qui il male è doppio. Al teatro d'opera poco altro è udibile oltre agli strumenti, a meno che non cantino i *baritoni*, o voci basse, gli unici in grado di tenere testa ad essi. Non si sente null'altro che rumore tra i rumori; una voce delicata è soffocata. Ho avuto l'impressione che l'orchestra non solo suonasse troppo forte, ma che suonasse anche troppo. In questo convento, oltre all'organo per i cori, c'era anche uno strumento che funzionava sia da organo, sia da clavicembalo, suonato da una delle monache. L'accompagnamento di questo strumento solo, unito alla voce celestiale che ho già menzionato, mi deliziò oltre ogni dire, e non tanto per quello che *fece* ma per quello che *non* fece: certo non è possibile ascoltare a lungo un suono così dolce. Tutto l'intricato e artificioso linguaggio delle varie voci e dei relativi modi di esecuzione si possono paragonare a una brutta maschera su un bel viso: anche l'armonia stessa si trasforma in un difetto quando diventa sovrana.

Mi rendo conto di non parlare da *musicista*, ma rinuncerei alla professione quando la vedessi volgere alla pedanteria, e ad affidarmi alle mie sensazioni, quando sembrano avere la ragione dalla loro. Se una voce è aspra, o comunque sgradevole, meno si ascolta e meglio è, e allora gli accompagnamenti rumorosi e gli abili artifici possono avere una loro ragione; ma una sola nota cantata da una voce come quella che ascoltai stamane, penetra nell'anima più profondamente dello strumento più perfetto che ci sia al mondo, che, in fondo, non è che un'imitazione della voce umana. La musica di questa mattina era interamente eseguita dalle monache che rimanevano invisibili ai presenti, e benché la chiesa del convento sia aperta al pubblico, come una qualsiasi chiesa parrocchiale, ed i preti officino, come altrove, di fronte ai fedeli, i responsori sono eseguiti dietro l'altare, dove si trova l'organo. Avevo cercato invano con lo sguardo l'organo ed i cantanti, quando ero entrato in chiesa, senza sapere che apparteneva ad un convento. Alle mie lodi per il canto, mi fu detto che vi sono qui parecchi conventi dove le monache cantano molto meglio. Mi riuscì difficile crederci; dissi soltanto che sarei stato felice di poterle ascoltare. Avevo talmente goduto di quel canto che, pur pranzando presso una famiglia ed in compagnia cordiale e gradevole, me ne andai prima della seconda portata, nella speranza di poterlo riascoltare nello stesso convento. Ebbi la fortuna di arrivare proprio all'inizio della funzione e di udire lo stesso mottetto, cantato dalla stessa monaca, e ne fui doppiamente felice.

Il «paradisiaco Corso»

Mentre cenavo dal signor Moiana, il padre del mio compagno di viaggio, e suo fratello l'Abate, il paradisiaco Corso fu proposto di nuovo, e sembrò un desiderio così sentito da parte di tutti che non ebbi il coraggio di dire di no. Essendo domenica, la passeggiata si presentava in tutto il suo splendore. La *gens comme il faut* era col suo migliore abbigliamento e con le più superbe carrozze, sembravano tutti estremamente soddisfatti di se stessi e del loro piccolo pezzo di terra, la cui lunghezza va dall'angolo di Hyde Park al Knight's Bridge, il che è piuttosto ridicolo. Tutta la città sembrava essere lì e tutt'intorno era pieno di mortali che sembravano non desiderare altro Eliseo. Il mio Eliseo è l'opera, dove mi recai dal Corso.

Una vista raccapricciante

Oggi il mio ottimo amico e padre Moiana, hanno passeggiato con me per la città, visitando chiese che non avevo visto in precedenza, una delle quali non riesco a dimenticare: Santo Stefano; qui i teschi dei milanesi uccisi durante una battaglia con gli ariani, nel IX secolo, sono conservati in teche poste contro il muro, curiosamente impilati, gli uni sugli altri, creando, a dispetto del buon gusto con cui sono sistemati, un'immagine non molto piacevole. Mi hanno ricordato la piramide di teste umane costruita per ordine del disumano tiranno Shah Nadir in Persia, secondo il terribile resoconto di Jonas Hanway. Gli abitanti di Milano raccontano strane storie riguardanti il sangue dei cristiani ortodossi che sarebbe rimasto sul terreno dopo la battaglia, mentre quello degli ariani sarebbe sprofondato nella terra. Quando questi eretici furono ridotti al silenzio totale, le ossa in questione furono dissotterrate e portate in questa chiesa, o in una che si trovava in questo stesso posto. Comunque, a dispetto delle loro pie convinzioni, i milanesi sono ben contenti che nel loro ducato non ci sia più il tribunale dell'Inquisizione: un domenicano mi ha trionfalmente informato che le loro prigioni sono state aperte, i funzionari licenziati e privati della loro rendita. Abbiamo trascorso il resto della giornata in cerca di libri e la serata ad ascoltare musica.

Alcune annotazioni sulla città di Milano

Le strade di Milano sono strette, ma accettabili per chi vi transita: la fossetta di scolo si trova nel mezzo, e ogni lato è lastricato per le ruote delle carrozze, che vi passano sopra con facilità, c'è anche una pavimentazione per i pedoni che d'inverno serve anche da guado. Il resto della strada è solitamente pavimentata con ciottoli, o mattoni messi di traverso. Non si vede un solo lume in tutta la città; ogni carrozza deve avere una fiaccola, ed ogni pedone una lanterna. La lanterna è molto grande e fatta di carta. Milano, che al tempo dei Visconti e degli Sforza contava 300.000 abitanti, ne ha ora più di 80.000. Il gusto architettonico è leggero ed elegante, meno francese che a Torino. I pilastri dei palazzi pubblici e privati sono così proporzionati da produrre un effetto ammirevole. Il grande ospedale cominciato dagli Sforza, e anche le colonne del Lazzaretto, sono molto belli ai miei occhi; anche se quest'ultimo sembra più che altro un ospizio di carità, ma fu costruito con grande fretta da San Carlo, mentre la peste infuriava a Milano, nel 1365. Ora appare così lindo da sembrare costruito di recente. La longevità della bellezza esteriore in questo ed in altri edifici, in altre parti d'Italia, è da attribuire a due ragioni: la purezza dell'aria e l'uso della legna per ardere il fuoco. Il carbone sembra essere un fossile sconosciuto in Italia. La lingua qui è molto corrotta. Le espressioni qui di seguito elencate mi hanno particolarmente colpito, perché non sono pura *lingua toscana*: *già già* per *sì, sì*; *miga* per *mica,* cioè nient'affatto; *vech* (o *vetch,* come lo pronuncerebbe un inglese), per *vecchio*, cioè uomo anziano, e *adess* per *adesso.*

Thomas Jones
[1776-1783]

Dopo aver attraversato una bella campagna coltivata a grano, giungemmo a Milano alle cinque e mezza. Freddo e nebbia per tutta la giornata. Scendemmo all'albergo dei *Tre Re*, qui il proprietario, un uomo grande e grosso, si profuse in mille scuse, dicendoci che sfortunatamente in quel momento non gli sarebbe stato possibile alloggiarci al primo piano, già prenotato dal conte di..., dal marchese di... ecc. ma aveva ottimi appartamenti al *secondo*, e sarebbe stata sua premura mostrarceli personalmente, poiché nutriva la massima stima per i *cavalieri inglesi*, cui non avrebbe mancato di prodigare ogni cura. Dopo tutte quelle reverenze non ci sognammo nemmeno di mangiare alla *table d'hôte*, a prezzo fisso, quindi, da bravi cavalieri inglesi, decidemmo di farci servire il pranzo con grande eleganza nelle nostre stanze.

Lunedì 11 – Come ero solito fare quando potevo, al mattino prima di colazione uscii a fare una passeggiata e con grande sorpresa vidi che stavano demolendo una chiesa per far posto a un nuovo teatro. Notai che lì, come a Torino, le donne indossavano ampi cappelli di paglia. I facchini portavano sacchi intorno alle spalle, mentre a Torino adoperavano grandi ceste. A causa del clima freddo e nebbioso, gli uomini erano imbacuccati fino al naso in mantelli, o larghi cappotti, dalle maniche svolazzanti, alla moda italiana, e fumavano pipe ricurve di legno, di cui si vedeva solo il fornello. Mentre facevamo colazione ricevemmo la visita del signor Franchi, un artista romano che Norton conosceva e che si era trasferito a Milano. Franchi si offrì di farci da cicerone, così uscimmo facendoci guidare da lui. Dapprima andammo a vedere un palazzo distrutto circa un anno prima, e che ora stavano ricostruendo sotto la direzione di un architetto, che ci accolse e ci mostrò i lavori. Poi proseguimmo per il Duomo, un fabbricato maestoso – peccato che,

essendo fatto di mattoni e marmo bianco, abbia un aspetto sgradevole. Anche il pavimento è in parte di mattoni e in parte intarsiato in marmo. Pieno di mendicanti sporchi e molesti. Le numerose statue sparse nell'edificio sono così minuscole e banali da sfigurarlo. Quanto al noto San Bartolomeo, è un oggetto decisamente sgradevole. Visitammo poi il collegio svizzero e quello dei gesuiti. Inoltre, la Colonna Infame, un antico colonnato ecc., ma non ne ricordo la ragione, non riuscimmo a vedere il palazzo del viceré. Continuammo poi fino all'osservatorio, dove il professore di astronomia, un giovane abate, ci ricevette con grande cortesia. L'osservatorio era ben dotato di strumenti matematici e astronomici inglesi e francesi – riconobbi le firme di Bird, Toland, Maskeline e altri.
Il clima era simile a quello che ci si sarebbe potuti aspettare a Londra in quella stessa stagione, ma Franchi disse che nel periodo estivo Milano è più calda di Roma. All'una il nostro cicerone pranzò con noi presso l'albergo e, dopo il pasto, trovammo ad aspettarci alla

porta una bella carrozza che egli aveva prenotato per noi. Salimmo tutti e andammo a visitare alcune chiese, in particolare il ricco altare di Sant'Alessandro, le porte di Sant'Ambrogio, chiuse in faccia all'imperatore Carlo V ecc. Poi fummo presentati ufficialmente all'Accademia d'arte, dove uno dei direttori mi chiese, con innumerevoli complimenti, di preparare la figura per la sera, invito che mi presi la libertà di declinare, dopo di che ci scambiammo mille convenevoli. In seguito venni a conoscenza del fatto che, per scherzo, il mio compagno di viaggio, Norton, mi aveva presentato come un importante *figurista* (o pittore di soggetti storici). Erano stati di recente aperti anche alcuni locali vicini per lo studio dell'architettura, dell'ornato ecc., ma, lì, come in molti altri posti, si lamentava soprattutto la mancanza di incoraggiamento delle arti. Franchi ci condusse poi all'opera, a vedere *L'avaro*, che avevamo già visto a Torino, ma qui le attrici mi sembrarono molto più belle. L'uomo che recitava nella parte dell'avaro era un comico molto bravo. Il teatro, una bella costruzione provvisoria, non era molto affollato. Freddo eccessivo. Il Granduca indossava una semplice finanziera con una stella e bottoni d'oro, fascia rossa, panciotto azzurro con un grande gallone d'oro, capelli raccolti e grande cravatta nera. Era d'aspetto giovanile e abbastanza esile. La granduchessa portava una semplice cardinala nera e non era bella. Dopo il secondo atto andò in scena un balletto serio, e allora ce ne andammo, secondo l'uso, senza attendere il terzo atto. Per concludere il discorso su Milano vorrei rammentare, come osservazione generale, che attraversando i piccoli Stati della Lombardia il viaggiatore deve affrontare molti blocchi e imposizioni da parte dei funzionari doganali e degli stessi locandieri, per quanto riguarda i lasciapassare e il cambio del denaro. Vorrei anche far notare che nel milanese vedemmo diversi paletti piantati lungo la strada maestra, sormontati da gabbie di ferro, con dentro le teste dei malviventi giustiziati per omicidio e rapina.

Martedì 12 novembre – Una passeggiata da solo in città prima di colazione, fino alla Grande

Chiesa e ritorno. Colazione con il signor Franchi. Lasciammo Milano alle nove e mezza e ci addentrammo in una campagna bassa e brutta, con grandi canali pieni di acqua. La strada era fiancheggiata da salici e pioppi...

Thomas Jefferson

[1787]

Dal Ticino a Milano è tutto grano. Tra il grano ci sono in particolare una buona quantità di gelsi, un po' di noci e un mandorlo qua e là. La campagna è ancora pianeggiante, il suolo nero e ricco. [...]

21, 22 aprile – Mi dicono che qui i fichi e i melograni crescono privi di riparo. Non ne ho visti, presumo quindi che siano rari. Prima c'erano ulivi, ma un grande freddo li ha uccisi nel 1709, e non sono stati ripiantati. Tra le numerose grandi dimore dipinte *al fresco*, la Casa Roma e la Casa Candiani, realizzate da Appiani, e la casa Belgioioso, realizzata da Martin, sono le migliori. Nella seconda c'è una stanzetta, con il soffitto a piccoli esagoni in cui si alternano cammei e teste dipinte, ciascuna diversa dall'altra. Il salone di Casa Belgioioso è superiore a qualsiasi cosa io abbia mai visto. Il miscuglio chiamato scaiola, di cui ricoprono le pareti e i pavimenti, è così simile al marmo da esserne a malapena distinguibile. Nelle notti del 20 e 21, le risaie sono gelate per uno spessore di un pollice e mezzo. Qui, durante l'estate, non sono inconsueti periodi di siccità che durano due o tre mesi di seguito. All'incirca cinque anni fa c'è stata una grandinata con chicchi grandi a sufficienza per uccidere gatti. Il Conte dal Verme mi parla di un odometro a pendolo per le ruote di una carrozza. Qui i contratti d'affitto durano per lo più nove anni. Il grano duro costa un luigi d'oro per centoquaranta libbre. Un bracciante riceve sessanta *livres* più vitto e alloggio. Il commercio di questo paese è costituito prevalentemente da riso, seta grezza e formaggio. [...]

Rozzano, formaggio parmigiano. Si crede che in passato questo formaggio fosse fatto a Parma e da lì abbia preso il suo nome, ma là ora non se ne fa più. Viene prodotto in tutta la campagna che partendo da Milano si estende per centocinquanta miglia. La maggior quantità si produce vicino a Lodi. Dato che la fattura del burro è legata a quella del formaggio, è necessario che siano descritte insieme. Nelle stalle che ho visto, ci sono ottantacinque mucche nutrite a fieno ed erba, non con cereali. Dieci mucche vengono munte due volte nella giornata, producendo in due mungiture un *brenta* di latte, che equivale a ventiquattro dei nostri galloni. Il latte munto nel corso della notte viene schiumato la mattina all'alba, quando le mucche vengono munte di nuovo e il nuovo latte mescolato al precedente. Dopo tre ore tutto il latte viene schiumato di nuovo, rimane in un pentolone per il formaggio e la crema viene messa in una zangola a forma di cilindro, la cui forma è simile a una macina, con un raggio di diciotto pollici e uno spessore di quattordici. In questa zangola ci sono tre bastoni rivolti verso l'interno, in posizione eretta, che interrompono il flusso del latte. Attraverso il centro passa un asse di ferro con un manico a ogni estremità. Viene girato per circa un'ora e mezza da due uomini fino a che si forma il burro.

In seguito versano fuori il siero di latte e mettono un po' d'acqua che agitano avanti e indietro per circa un minuto e dopo lo versano. Tolgono il burro, lo pressano con le loro mani in panetti e lo stampano. Non ha altri lavaggi. Sedici galloni americani di latte producono quindici libbre di burro, che si vende a ventiquattro *sous* la libbra.
Il latte, che dopo la crematura era stato messo nel paiolo di rame, riceve la giusta quantità di caglio e viene scaldato con cautela, se la stagione lo richiede. Dopo circa quattro ore il siero di latte diventa semiliquido. Poi comincia a formarsi il caglio. Una parte del siero viene tolto. Il caglio viene allora sminuzzato ben bene, con una macchina simile ad un macinino. Un quarto di oncia di zafferano viene mescolato a sette *brenta* di latte per colorire il formaggio. La pentola si sposta poi sul camino e si riscalda a fuoco vivace, fino a quando il caglio è abbastanza duro, mentre il continuo mescolare lo mantiene a piccoli grumi. Allora si toglie dal fuoco e si elimina la maggior parte del siero, il caglio è

compresso a mano in una sfera, si passa sotto un panno di lino e su quello lo si tira fuori. Un cerchio un po' allentato viene steso poi su una panca e la cagliata viene avvolta, così com'è, nel panno di lino e posta nel cerchio. Dopo averla schiacciata un po' a mano si stringe il cerchio e si chiude. Sopra mettono un'asse di due pollici di spessore, e su questa una pietra che pesa una ventina di libbre. Dopo un'ora il siero scorre via e il formaggio è fatto. Ci si sparge sopra un po' di sale, un giorno sì e un giorno no in estate, e quotidianamente in inverno, per sei settimane. Sette *brenta* di latte producono un formaggio di cinquanta libbre, che necessita sei mesi di stagionatura e poi viene essiccato fino a pesare quarantacinque libbre. Sul posto viene venduto per ventotto *livres* ogni cento libbre. In questo caseificio ci sono al momento centocinquanta forme di formaggio. Hanno un diametro di diciannove pollici e uno spessore di sei. Producono una forma di formaggio al giorno d'estate, e due in tre giorni, o una in due giorni, in inverno.

Il siero di latte viene rimesso nel paiolo, si versa dentro il latticello e di questo si fa un modesto formaggio destinato ai contadini. Il siero di questo formaggio viene dato ai maiali. Otto uomini bastano per tenere le mucche e fare tutto il lavoro del caseificio. Il *mascarpone*, una specie di caglio, è fatto versando un po' di latticello nella panna, così la panna si caglia e viene poi pressata in un panno di lino.

Le ghiacciaie di Rozzano vengono scavate a circa quindici piedi di profondità e venti di diametro, e alcune pertiche vengono conficcate tutt'intorno. Sopra ai pali viene messo un soffitto conico di paglia alto quindici piedi, al centro vengono stesi pezzi di legno per tenere il ghiaccio fuori dall'acqua che gocciola giù e che esce da uno scolatoio. Su questo legno si stende della paglia e poi si riempie la costruzione di ghiaccio, tenendo sempre paglia tra il ghiaccio e le pareti e infine il ghiaccio viene a sua volta ricoperto di paglia. Circa un terzo va perso perché si scioglie. La neve dà un sapore più delicato alle creme, ma il ghiaccio è un congelatore più potente e dura più a lungo. Cespugli di alberi circondano le ghiacciaie. Intorno a Milano, per circa cinque miglia, ci sono grano, pascoli, giardini, gelsi, salici e viti, perché in questo Stato le risaie non possono trovarsi a meno di cinque miglia dalle città.

George Gordon Byron
[1816]

Milano, 15 ottobre 1816

Mia carissima Augusta,
ho visitato chiese, teatri, biblioteche e gallerie d'arte. La cattedrale è imponente, il teatro suntuoso, la biblioteca eccellente e delle gallerie d'arte non so nulla, eccetto il fatto che mi è piaciuto un dipinto su un migliaio. Ciò che mi ha entusiasmato di più è una collezione di manoscritti (conservata nella Biblioteca Ambrosiana), di lettere d'amore originali e poesie di Lucrezia Borgia e del Cardinale Bembo; e una ciocca di capelli, così lunghi, chiari e belli; le lettere sono tanto leggiadre e amorevoli che ci si rammarica di non essere nati prima e non aver potuto conoscerla. E quale pensi fosse una delle sue firme? Una croce, che lei sostiene stia per il suo nome

ecc... non è buffo? Credo che tu sappia che era una famosa bellezza, e famosa era per l'uso che ne faceva, che fu l'amore del Cardinale Bembo (oltre alla storia che riguarda suo padre Papa Alessandro e suo fratello Cesare Borgia, a cui alcune persone credono ed altre no) e che alla fine di tutto finì con l'essere Duchessa di Ferrara, e anche una madre e una moglie eccellente, così brava da diventare un esempio. Tutto ciò può essere o non essere vero, ma i capelli e le lettere sono così belli che non ho fatto altro che meditarci sopra e ho fatto promettere al bibliotecario che me ne farà avere una copia; e sono deciso ad avere anche un po' dei capelli se potrò. I versi sono in spagnolo e le lettere in italiano, alcune firmate, altre con una croce, ma tutte scritte di suo pugno. Sono così di fretta e così assonnato, ma altrettanto ansioso di inviarti anche solo poche righe mia carissima Augusta, mi perdonerai per i problemi che ti cagiono così spesso; ti riscriverò presto, ma ti ho mandato così tante lettere ultimamente, che forse ne hai anche troppe. Mille coccole da

me a te – il che è molto generoso da parte mia, poiché te ne chiedo in cambio solo una.
Sempre tuo

B.

Verona, 6 novembre 1816

Mio caro Moore,
da poco ho ricevuto la tua lettera, scritta prima della mia partenza dall'Inghilterra e indirizzata a Londra. Da allora ho girato una parte di Europa che non avevo ancora visto. Circa un mese dopo ho attraversato le Alpi, dalla Svizzera per Milano, che ho lasciato pochi giorni fa, e così sono sulla strada per Venezia, dove probabilmente trascorrerò l'inverno.
Tra le molte cose di Milano una mi ha colpito in particolare, la corrispondenza (nelle lettere d'amore più belle del mondo) tra Lucrezia Borgia e il Cardinale Bembo (un gran bel cardinale, come dici tu), e una ciocca dei di lei capelli, insieme ad alcuni suoi versi in spagnolo. Incantevole davvero, quel ricciolo. Ho

preso un capello solo come reliquia e ho spasimato per la voglia di copiare una o due di quelle lettere, ma è assolutamente vietato: non che m'importi naturalmente, ma era proprio impossibile farlo: perciò mi sono limitato ad impararne alcune a memoria. Sono conservate nella Biblioteca Ambrosiana, dove sono andato spesso a guardarle – con scandalo del bibliotecario che invece avrebbe voluto deliziarmi con una quantità di preziosi manoscritti, classici, filosofici e pii. Ma io sto attaccato alla figlia del Papa, e vorrei essere un cardinale. [...]

A Milano ho incontrato Monti, il più famoso dei poeti italiani viventi, egli stesso è venuto a trovarmi. Sembra avere una sessantina d'anni; somiglia nell'aspetto al povero Cooke, l'attore. I suoi frequenti cambiamenti di opinione politica l'hanno reso molto impopolare. Ho visto molti altri letterati; ma nessuno di loro è noto in Inghilterra, a parte Acerbi. Ho frequentato molti italiani, in particolare la famiglia del marchese di Breme, tutte persone intelligenti e capaci, soprattutto l'abate. Durante il mio soggiorno c'era un famoso improvvisatore che si esibiva in pubblico. Sono rimasto sbalordito dalla sua facilità di parola; sebbene io capisca l'italiano e lo parli (con più disinvoltura che correttezza), sono riuscito a cogliere solo qualche luogo comune mitologico, un verso su Artemisia, e un altro su Algeri, e anche sessanta parole di una tragedia intera su Eteocle e Polinice. È stato apprezzato da alcuni italiani, altri invece hanno definito la sua esibizione una «*seccatura*» (definizione dannatamente azzeccata, tra parentesi), e tutta Milano era divisa sui suoi meriti. C'è una certa rilassatezza di costumi da queste parti. A teatro una madre e un figlio erano additati e definiti dal bel mondo milanese come membri della dinastia tebana – ma niente di più. Chi ne parlava (uno degli uomini più in vista di Milano) non sembrava particolarmente scandalizzato da questi gusti e questi legami. A Milano si ritrovano tutti all'opera, hanno palchi privati dove giocano a carte, conversano, e così via; però non ci sono luoghi di ritrovo, balli eccetera.

Le ragazze di campagna hanno splendidi occhi scuri e molte di loro sono belle. Ci sono poi due cadaveri in ottimo stato di conservazione; uno, San Carlo Borromeo, a Milano; l'altro non è un santo, ma un capitano, di nome Visconti, e si trova a Monza: entrambi di aspetto molto gradevole [...]. Scusa la noia di questa lettera. Essere noiosi è il privilegio di chi è vecchio e di chi è lontano; mi avvalgo del secondo, anticipo il primo. Se non ti parlo delle mie vicende personali, non è per mancanza di fiducia, ma per risparmiare te e me. La mia giornata giunge al termine. E quindi? Me la sono goduta. In verità, l'ho anche abbreviata; se avessi fatto lo stesso con questa lettera non sarebbe stato male. Ma tu mi perdonerai questo errore, se non gli altri. Tuo sempre affezionatissimo

B.

Percy Bysshe Shelley
[1818]

Milano, aprile 1818

Mio caro Peacock,
questa città è molto gradevole. Ieri sera siamo andati all'opera che è uno spettacolo davvero splendido. L'opera in sé non era la mia preferita e i cantanti erano inferiori ai nostri. Ma il balletto, o piuttosto una specie di melodramma o pantomima, era lo spettacolo più bello che abbia mai visto. Non abbiamo nessuna Miss Melanie qui, ma in qualsiasi altra cosa Milano è senza dubbio superiore. Il modo in cui il linguaggio è trasferito nella gestualità, l'effetto pieno e completo del tutto che illustra la storia in questione, la sincera disinvoltura di ciascun attore, anche dei bambini, ha reso questo dramma corale più solenne di quanto io potessi concepire. La storia

è *Otello*, e, strano a dirsi, non ha lasciato un'impressione sgradevole…

Milano, 20 aprile 1818

Mio caro Peacock,
questa cattedrale è una sorprendente opera d'arte. È fatta di marmo bianco, tagliata a pinnacoli di immensa altezza, lavorati con la massima delicatezza, e carica di sculture. Il suo effetto, quando si staglia con le sue guglie abbaglianti sulla serena profondità del cielo italiano, o alla luce lunare, quando le stelle sembrano raccogliersi tra quelle sagome, è superiore a qualsiasi altra opera che io credevo possibile produrre in architettura. L'interno, benché sublime, è di un carattere più terreno. Con i suoi vetri istoriati, le colonne di granito massiccio, sormontate da antiche figure, e le lampade d'argento che bruciano costantemente sotto il baldacchino di stoffa nera, vicino all'altare di bronzo e l'intaglio di marmo della volta, gli danno l'aspetto di un suntuoso sepolcro. C'è un luogo solitario tra queste

navate laterali, dietro l'altare, dove la luce del giorno è fioca e giallastra sotto le vetrate istoriate, e lì ho scelto di leggere Dante.
Adieu, il tuo affezionato amico

P. B. S.

grosse presence de Napoléon

Dorothy Wordsworth

[1820]

Non c'è niente di Milano che colpisca a prima vista, se non la sua grandezza e le numerose chiese; ma andando in carrozza, strada dopo strada, lo straniero che fa il suo primo ingresso in una città italiana non può che essere continuamente attirato dal gran numero di persone con le loro varie occupazioni. Una strada di artigiani succede ad un'altra, ogni commercio ha il suo quartiere. Gli artigiani sono al lavoro nella parte *ombreggiata* della strada alla vista di tutti; quando siamo entrati in città (era circa mezzogiorno) una o due donne stavano parlando con loro. Dalla parte *soleggiata* le tende, che pendevano sopra le porte e le finestre, rendevano i lavoratori dei reclusi. Ci era stato consigliato di andare al *Reichman, l'albergo tedesco*, un posto a buon mercato. Ci siamo fermati là, siamo stati condotti su per una scala di pietra con una balaustra di marmo massiccio e una sporgenza dello stesso materiale, larga circa un piede. In cima c'era una serie di camere, il tutto su così larga scala che avremmo potuto pensare di essere a Whitehall o alla India House. Tuttavia non fu possibile avere delle camere e fummo condotti in un altro albergo, l'Albergo Imperiale. Entrammo da una stradina laterale in un cortile spazioso e fummo di nuovo condotti attraverso una scala di marmo, fino alla parte alta dell'edificio dove prendemmo immediatamente possesso di un'eccellente fila di camere e là, (lontani da tutto il rumore e il traffico) siamo stati tranquilli come se fossimo in un luogo dimenticato. I muri dell'appartamento erano dipinti ad acquerello con buon gusto nel disegno; ma, come al solito, le porte (che non possono essere lavate perché non sono dipinte con colori ad olio) erano macchiate di sporco e avevano ditate di unto. I muri del salone erano dipinti non solo con affreschi di immagini allegoriche sopra le porte, ma erano coperti di damasco cremisi bordato di oro – pavimenti di cotto, nessun tappeto, e il sole tenuto lontano dalle finestre da una stretta galleria che circonda il cortile e da persiane esterne di legno (gelosie), che fanno entrare o escludono la luce e l'aria a piacimento. La frescura di queste stanze era deliziosa e ancora di più lo era la tranquillità; i camerieri, pronti ad accorrere al richiamo di una campanella, sembravano non avere altro da fare che servire *noi* e pochi altri ospiti che, come noi, facevano ben poco rumore. Durante i quattro giorni trascorsi in questo albergo ci siamo spesso chiesti come tirassero avanti, dato che i guadagni devono essere veramente trascurabili. Abbiamo cenato da Reichman per tre franchi a testa. Cibo abbondante e ospiti numerosi; ma c'erano solo due o tre donne oltre a noi, nessun francese, perché Reichman si vanta di non ammetterne. Fummo fatti accomodare, con altri quattro inglesi, all'estremità della stanza. Dopo cena la conversazione si spostò sulla poesia, quando uno dei nostri compatrioti, un uomo giovane dai modi signorili e vivaci, cominciò a magnificare con prodigalità i poeti tedeschi, confrontandoli con i poeti viventi del suo paese, a svantaggio di questi ultimi. Il nostro Bardo intervenne con un certo zelo. Lo straniero introdusse nel corso della discussione il nome di Wordsworth, come se non pensasse alla possibilità di indirizzarsi direttamente a lui, ma qui lo sospettammo di qualche finzione. Comunque sia, seguì una presentazione; e in seguito venne fuori che egli (Mister Graham, nativo del Northumberland) era stato impegnato coi suoi compagni a Cambridge in una disputa sui meriti della poesia di Wordsworth. Dopo pranzo andammo alla Cattedrale. Dopo essere passati in una stradina stretta, entriamo in una larga piazza, e il magnifico edificio è di fronte a noi, leggermente più in alto rispetto alla pendenza della piazza, ci porge la facciata occidentale. Non posso descrivere il nostro stupore alla prima vista della Cattedrale di Milano; e tuttavia anche in quel momento, in cui un sentimento di sgomento si mischia con altre sensazioni, sentii che quello splendido edificio era stato innalzato più per la gloria dei regnanti, che per venerare il creatore. È immensamente largo, tutto di marmo levigato, che si potrebbe definire bianco, se non fosse per la purezza immacolata delle statue che, anche viste dal basso, appaiono enormi, ciascuna sul suo pinnacolo, sopra le balaustre di ogni tramezzo che divide il tetto. La mia meraviglia e il mio diletto erano tali, fissando le statue che si stagliavano nel blu del cielo limpido, che mi ci è voluto tempo per rendermi conto che la guglia centrale è miseramente sproporzionata rispetto alla mole e magnificenza del corpo della Cattedrale; dopo essere saliti lungo una superba scalinata di marmo c'è una strana disillusione nell'essere ammessi in un tale edificio da una porta che sarebbe quasi una vergogna per una chiesa qualunque, e nel vedere che anche la finestra che c'è sopra non è da meno. L'interno è sostenuto da bei pilastri e arcate di un marmo sobrio, l'effetto è sorprendente per solennità, inatteso, tuttavia niente di comparabile alla Cattedrale di Colonia… le strade erano illuminate quando siamo ritornati all'albergo. I caffè erano affollati e i lumi eccessivamente brillanti, suppongo per la qualità dell'olio. Due o tre, sospesi in alto, erano sufficienti a illuminare una lunga strada stretta. I negozi erano aperti e sistemati per esporre la merce come a Londra, specialmente i locali di ristoro.

Sabato, 1 settembre, Milano – Colazione in albergo e poi alla Cattedrale. Le impressioni ricevute all'inizio dall'esterno di una delle nostre più antiche cattedrali gotiche si rafforzano mentre guardiamo; rimangono con noi; eppure ogni volta che stiamo tra le sue mura ci sembrano rinnovate: ma anche alla nostra seconda visita della Cattedrale di Milano ho sentito di aver perso qualcosa. L'ideale di magnificenza principesca e della perfezione dell'arte umana non ne usciva menomato; ma c'è, a prima vista, un potere che strega in quell'edificio, che evoca e realizza quelle fantasie che scuotono la mente di un giovane quando legge le fiabe delle *Mille e una notte*, o le storie di antiche città decadute o distrutte. Il nostro scopo questa mattina era salire sul tetto, dove sono rimasta sola, senza azzardarmi a seguire il resto del gruppo sulla vertiginosa guglia centrale, a cui si accede da una stretta scala a chiocciola. Anche W. è stato obbligato ad affidarsi ad una mano governata da una testa più stabile della sua. Ho gironzolato con tanto spazio intorno; il pavimento su cui camminavo era di marmo levigato, intensamente caldo e abbagliante come la neve; e invece di essere circondata da figure in movimento, ero circondata da gruppi e immobili processioni di statue silenti – santi, saggi e angeli. È impossibile per me descrivere il bellissimo spettacolo, o descrivere la gioia che ho provato nel vederlo. Il lavoro ora procede a rilento, sotto l'indolente governo austriaco. Sono impiegati solo quindici uomini, mentre Napoleone ne impiegava un migliaio. Dopo esser rimasti lassù per quasi due ore, siamo scesi. Non era un momento della giornata favorevole per vedere le Alpi, per cui ora non ne parlerò. Siamo andati subito a Brera, a vedere la mostra dei dipinti dell'Imperatore. Abbiamo aspettato fino alle undici nel porticato del cortile del palazzo, quando un piccolo gruppo di soldati ha marciato davanti a noi con le spade sguainate. Le porte si sono aperte e la gente si è accalcata per entrare. Tra quelli che sono rimasti fuori, c'era un gruppo di francesi, che con singolare volgarità si sono divertiti, ridendo e facendo commenti su di *noi*. Comunque le donne, di qualunque ceto, sono sgradevoli nel modo di fissarti, qui a Milano più che in ogni altro posto in cui sia stata, un'abitudine che non si concilia con la grazia dei loro veli, ma quel celarsi a metà forse ne incoraggia la propensione. Mi sto dimenticando della galleria di dipinti dell'Imperatore, una successione di imponenti stanze, coi soffitti sostenuti da alte e ben proporzionate colonne di marmo venato di giallo. Londra non ha nulla che meriti il nome di galleria d'arte, come questa, che non è comparabile a quella di Firenze. Numerosi dipinti sono molto belli; ma non posso nemmeno tentare di elencarli o descriverli. Siamo rimasti qui per due ore e mezza. C'è un soldato in ogni stanza, con la spada alzata. Tutte le persone sono ammesse senza fare domande. La sola scomodità che abbiamo sperimentato è stata la mancanza di sedie. Molto prima che ci risolvessimo ad andarcene, le nostre membra erano totalmente sfinite. A cena abbiamo trovato il gruppo degli inglesi considerevolmente aumentato. Abbiamo camminato di nuovo per le strade, terminando il nostro giro nella piazza della Cattedrale. Poi siamo andati al Teatro dell'Opera, così affollato che siamo stati obbligati a stare in piedi nella buca durante tutta la rappresentazione. Solo il palcoscenico è illuminato, ma la luce supplementare di cui gode, per contrasto col buio della sala, non compensa l'oscurità in cui si trovano gli spettatori. È possibile ristorarsi esclusivamente in un caffè a buon mercato, all'interno del teatro. Mi sono ritirata lì con alcuni gentiluomini per riposarmi un po' e abbiamo preso una coppa di gelato. Sembra che nessuno abbia fatto caso a me (eppure non c'erano altre donne) e non ho visto nessuna di quelle donne infelici, così disgustose, nei corridoi dei nostri teatri. Il balletto era delizioso e la folla dei personaggi raggruppata più elegantemente che alla nostra *Italian Opera*, la danza più naturale e aggraziata; ma per altri aspetti ho visto poche differenze. Non siamo rimasti fino alla fine, ci siamo goduti l'aria fresca e la passeggiata verso casa, benché fossimo molto più stanchi di quando eravamo sulle Alpi. C'era moltissima gente per le strade. Sembrano dormire molto poco di notte, ma senza dubbio recuperano a metà giornata, in quel momento, anche nelle vie più trafficate è possibile vedere operai stesi, addormentati sulle pietre che erano occupati a scalpellare.

22 settembre, domenica, Milano – Una gran massa di militari era diretta alle otto del mattino alla *Place d'Armes*, il luogo in cui Bonaparte passava in rivista le sue truppe. Siamo dunque partiti alle sette; ma siamo arrivati troppo tardi. La cerimonia era cominciata e c'è voluto del tempo prima che guadagnassimo una posizione migliore che non fosse sotto un sole abbagliante, schiacciati in mezzo alla folla che cercava di avvicinarsi il più possibile all'edificio, dove era stato messo un altare provvisorio. Poiché il terreno era pianeggiante, non era possibile vedere alcunché, se non la testa delle persone presenti e poche linee di soldati con le loro scintillanti armi da fuoco; ma potevamo sentire che ad un certo punto si buttavano a terra sulle ginocchia. Alla fine, essendo riusciti ad entrare nell'edificio (il Palais des Rois), vicino al quale ci trovavamo, quasi soffocati dal caldo, ci fu possibile vedere interamente, da un balcone, tutto quello che ancora rimaneva delle cerimonie, militare e religiosa; ma dell'ultima parte, quella a cui i soldati prendevano parte era già finita, benché la cerimonia continuasse sull'altare sotto di noi, come rivelava la musica sacra che, su menti poco abituate a tali scene, aveva l'irresistibile potere di rendere solenne uno spettacolo che si distingueva più per lo sfoggio, lo scintillio e i colori sgargianti, che per qualsiasi altra cosa. I destrieri degli ufficiali, riccamente bardati, le splendide uniformi, le numerose file di soldati che stavano rit-

ti sull'erba verde (anche se non dell'intensità che ha in montagna, appariva *verde* in contrasto col loro abbigliamento) e l'immenso numero di uomini, donne e bambini raccolti in uno spazio pianeggiante – dove ci sarebbe stato spazio per migliaia e migliaia di persone ancora – si può facilmente immaginare: con il concerto della banda militare, quando la musica sacra è cessata – le truppe hanno abbandonato il campo – austriaci, ungheresi e italiani e, per ultima, la cavalleria col toccante squillo delle trombe. Prima che lasciassimo il campo la folla se n'era andata, l'altare decorato e altri orpelli erano stati smontati – e abbiamo visto gente occupata a impacchettare tutto, proprio come una compagnia di teatranti col loro armamentario.
Siamo tornati alla calma ristoratrice e alla frescura dell'Albergo Reale per due ore; e poi di nuovo abbiamo cominciato le nostre fatiche col caldo, in cerca di chiese, entrando in tutte quelle che incontravamo sulla nostra strada, mancando, nella maggior parte dei casi, di trovare dipinti o altre cose

curiose che meritassero più attenzione di quanta fossimo disposti a dedicarvi. Ci siamo recati anche al Convento di Santa Maria delle Grazie per vedere il famosissimo dipinto dell'*Ultima Cena* di Leonardo da Vinci, dipinto sul muro ad un'estremità del refettorio, una stanza molto ampia, ai cui muri sono appesi dipinti più piccoli e, all'altro capo della stanza, quel dipinto della crocifissione di cui avevamo visto una copia a Lugano.

Questo refettorio era utilizzato, ai giorni di Bonaparte, come deposito militare, e il segno di un proiettile, sparato in un momento di leggerezza da un soldato francese, è visibile su parte del dipinto di Leonardo da Vinci. Fortunatamente il proiettile ha colpito un punto in cui il danno è stato minimo; è miracoloso che questo bel pezzo d'arte non sia stato completamente sfigurato durante quei tempi di indisciplina militare e totale mancanza di riguardo per tutte le cose sacre. Poco versata nell'arte come sono, non mi metterò a descrivere questo dipinto che ha toccato i miei sentimenti e la mia immaginazione più di ogni dipinto che io abbia mai visto, nonostante alcuni dei personaggi siano così rovinati dall'umidità da essere a malapena visibili. I più importanti sono, comunque, fortunatamente i meno danneggiati; e quello del nostro Salvatore ha sofferto solo di un generale affievolimento dei colori – purtroppo però, con lo sbiadirsi e lo scomparire dei colori anno dopo anno, alla lunga, tutto il gruppo passerà a miglior vita. Attraverso i chiostri del monastero, che sono a pezzi e deturpati, ci sono dipinti ovunque, e alcuni curiosi monumenti. Dopo cena abbiamo fatto una nuova escursione all'Arena, un lavoro di Bonaparte, attigua alla *Place d'Armes*. Abbiamo fatto una lunga passeggiata tra strade ampie, polverose e assolate – circondate da molti grandi edifici; la pianura era visibile in distanza attraverso sottili rami d'albero. C'era un tramonto superbo. Penso di non aver mai visto prima una tale commistione di luce brillante, con sfumature rosa e rubino che creavano un golfo fiammeggiante e profondo. Ci stavamo recando ad uno spettacolo di fuochi d'artificio. I posti migliori nell'Arena erano a pagamento – mezzo franco milanese, o 16 soldi – si tratta di un oblungo, spazioso anfiteatro, circondato da un alto terrapieno verde, su cui gli spettatori siedono, fila sopra fila, su sedili formati dal terreno che partono dal centro. Siamo entrati dal lato vicino al «Palazzo», come viene chiamato, «dei Re». Da una parte c'è un ingresso pomposo: dall'altra, una grande costruzione irregolare che io, nella mia ingenuità, ho scambiato per un monumento di Bonaparte; ma mi hanno informata che si trattava della *Città di Troia*, che presto avremmo visto distrutta dalle fiamme. Subito greci e troiani apparvero sul palcoscenico, simili a burattini, o bambini, talmente erano distanti. Ci furono discussioni e combattimenti, e un'ininterrotta musica di guerra. Mentre il crepuscolo si avvicinava, il gigantesco cavallo di legno, che stava fermo di fronte alla fortezza di Troia, si è mosso lentamente verso le mura ed è passato attraverso il cancello. Poi sono cominciati i fuochi d'artificio e, con loro, il nostro entusiasmo infantile. Infatti tutti i preliminari potevano al massimo suscitare un sorriso utile a cancellare l'inevitabile tristezza alla vista di così tante persone spensierate, che non avevano altra occupazione, per una serata libera, del guardare tali sciocchezze. Ma quando i razzi sono saliti al cielo limpido, serpeggiando, vorticando, scoppiettando, aprendosi – ero veramente in estasi, poiché di così belli non ne avevo mai visti. Le scie di fumo erano appena meno belle del fuoco che cresceva e, infine, la fortezza – non in fiamme, eppure rossa incandescente, che cadeva a pezzi. Alla fine, tutto era di nuovo meschino e insignificante. Le sottili assi sparpagliate saranno senza dubbio conservate, per divertire la gente di Milano in un'altra notte di vacanza. Facemmo ritorno alla luce delle stelle, tra strade mai deserte, sebbene non rumorose: luoghi di ristoro aperti, caffè affollati.

3 settembre, lunedì, Milano – Desideravamo moltissimo andare a Venezia; ma ragioni di prudenza ci hanno trattenuti dal farlo. (...)

Non eravamo dispiaciuti di rimanere un altro giorno a Milano, perché c'era ancora molto da vedere, benché avessimo già visto moltissime cose che ho trascurato di annotare quando sarebbe stato opportuno. Non ho ancora menzionato la Biblioteca Ambrosiana, dove abbiamo visto il bozzetto della Scuola di Atene di Raffaello, alcuni interessanti ritratti, statue di Michelangelo e molte altre cose curiose che non sono in grado di descrivere. Tante le ho dimenticate e altre le ricordo a malapena. Un bel manoscritto dei lavori di Virgilio che era appartenuto a Petrarca, e un enorme zibaldone, ad opera di Leonardo da Vinci, che ha interessato molti di noi, più di qualsiasi altra cosa avessimo visto. Il Virgilio era stato preso da Napoleone stesso dalla biblioteca; tenendolo sotto il braccio se ne era andato dicendo «Questo è mio», una storia che il bibliotecario, un allegro vecchietto dalle maniere gentili, raccontava con particolare divertimento, mentre ci illustrava la perfezione del manoscritto. Parlava in latino agli uomini. Una nota su una pagina vuota (si dice scritta da

Petrarca) registra il giorno, l'ora e il luogo in cui vide Laura per la prima volta. Il manoscritto di Leonardo da Vinci consiste in immagini, marchingegni, ponti, costruzione di edifici, ruote ecc... ecc... con una gran quantità di scritti, un lavoro che, da solo, sarebbe sufficiente a provare l'instancabile operosità e l'amore per la scienza e, probabilmente, coloro che hanno l'opportunità di studiare il manoscritto e la cultura necessaria a giudicare, vi troveranno le prove dello stesso genio sublime che produsse il dipinto del Nostro Salvatore e dei suoi apostoli che abbiamo potuto contemplare... Ieri ci è capitato di trovarci alla Cattedrale durante un sermone. Il prete, con la sua berretta rossa e la veste colorata, sembrava più un uomo di spettacolo che si indirizzava al pubblico dal palcoscenico, che un ministro del Vangelo in un tempio cristiano. Camminava da una parte all'altra del pulpito e quando ebbe finito la predica si tolse il cappello, si inchinò al pubblico e sparì.

Una simpatica aggiunta al nostro gruppo per cena, alcuni uomini, non più giovanissimi, che trascorrono una vita oziosa in Italia. Ci siamo incontrati tutti sulla guglia della Cattedrale al tramonto. Perché non potevo permettere a me stessa di rimanere giù una seconda volta, essendo stata ben abituata dai precipizi delle montagne, ed essendo stata in grado, durante i miei solitari vagabondaggi sul tetto, di guardare giù sulla piazza senza trepidazione. È andata abbastanza bene, ho potuto guardare giù da metà della guglia, da dove c'è una bellissima vista delle statue; ma è stato piuttosto disagevole quando, arrivati alla piccola galleria intorno alla cima del pinnacolo, uno dei nostri spavaldi inglesi ha cominciato a litigare con la guida (che fino a quel momento era stato il mio protettore durante tutta la salita) dandogli del bugiardo. La disputa si è fatta più accesa, ciascuno dei due sembrava abbastanza arrabbiato da gettare l'altro oltre la balaustra, e io stavo tra i due. La vista sulla grande pianura era molto bella. Abbiamo ammirato le Alpi tingersi di una luce rosata – la linea più scura degli Appennini, e i corsi del Po e del Ticino. La città dai tetti rossi si stendeva ai nostri piedi; quel colore dei tetti, o dei muri, generalmente poco gradevole a vedersi, ben si intonava al colore del tramonto...

4 settembre, martedì, Milano – Il signor M. e il signor R. che non avevano intenzione di tornare a Como, ci sarebbero venuti incontro a Baveno. Ci siamo alzati alle quattro e mezza e abbiamo fatto colazione da Reichman coi nostri nuovi compagni, il signor Graham e il signor Sparkes. Siamo passati per la *Place d'Armes* e l'Arena. Le strade erano gremite di gente, già così presto – soldati, fruttivendoli, commercianti con vecchi grembiuli. Dalla campagna arrivavano carrozze piene di verdura, e alcune colme di ghiaccio per i bisogni degli abitanti di Milano, il cui impegno principale sembra essere una languida ricerca del piacere... La città alle nostre spalle – una mattina di sole non ancora calda, e l'aria limpida, hanno reso il viaggio delizioso: le montagne di Como si stagliavano di fronte a noi; alla nostra sinistra potevamo vedere le cime candide del Monte Rosa e del Sempione, dallo splendore argenteo. La vista della pianura uscendo dalla città è molto più interessante di quella di cui si gode entrando...

Lady Morgan

[1821]

Dell'esiguo numero di edifici che abbiamo visitato, nessuno ci ha colpito dopo il Duomo. La chiesa di S. Maria della Passione ci è sembrata una delle più belle, e San Pietro in Gessate la più interessante, per via degli affreschi di Bernardo Zenale, l'amico di Leonardo da Vinci. Templi dedicati a santi ora passati di moda, a Sant'Eufemia, a San Celso, a San Satiro s'innalzano da ogni parte e sono visitati senza contegno e senza rispetto. Ma fra tutti questi monumenti sacri, abbandonati alla carneficina del tempo, la chiesa di Santa Maria delle Grazie, ed il convento che da essa dipende, saranno visitati dagli autentici devoti del genio, finché una sola pietra del chiostro resterà in piedi. Il potere dei fondatori è ora rovesciato, il loro ordine ha perso influenza, i sarcofaghi, gli altari, sono devastati o in rovina. Ma il muro, solidamente costruito, su cui Leonardo da Vinci ha impresso la divinità del suo spirito, sarà contemplato con entusiasmo fino a che un tocco di quello splendido pennello ne consacrerà la superficie. «Nel refettorio del convento dei domenicani», scrisse Eustache, «era, come si sa, la celebre *Cena* di Leonardo, considerata come il suo capolavoro. Il convento fu soppresso, la sala trasformata in deposito di artiglieria e quell'affresco serviva ai soldati francesi per esercitarsi al tiro. Essi miravano principalmente alle teste e a quella del Salvatore in particolare». In tutto ciò che è stato detto contro i francesi, verità o calunnia, niente è paragonabile a quest'atto di barbarie sacrilega, di insulto basso e puerile. L'originale della famosa *Cena* che il bulino di Morghen ha mostrato all'ammirazione del mondo, la più bella fra le pitture del genere, il capolavoro di Leonardo, che fu il Newton e il Raffaello della sua epoca, che serve di mira ai proiettili dei soldati di quella Francia dove, abbandonando la sua Italia, l'artista era venu-

to a morire tra le braccia di Francesco I, del loro re più popolare!
Se la storia fosse vera, nulla potrebbe scusare i francesi per questa crudele leggerezza; ma fortunatamente è interamente falsa. Quando l'esercito francese arrivò a Milano, quel convento fu assegnato per quartiere ad una parte della cavalleria, ed i cavalli furono messi nel refettorio, per ordine delle autorità subalterne milanesi, che ebbero la direzione degli alloggi militari. Un giovane ufficiale francese, che aveva sentito parlare dell'affresco, si accorse per primo del danno a cui era esposto e si affrettò ad informarne il generale in capo, che giunse in tempo ad impedire che quel prezioso monumento fosse sacrificato alla brutale ignoranza, non dei francesi, ma di chi aveva presieduto alla suddivisione dei quartieri.
I colpi di pistola all'indirizzo del dipinto sono generalmente negati. Noi cercammo di scoprire i segni di quella violenza, ma se anche solo un colpo fosse stato tirato da un indisciplinato, è impossibile vederne ora la benché minima traccia.

Le vere cause dello stato di decadenza di questa famosa pittura sono la cattiva qualità dei materiali coi quali il muro stesso è costruito e la sua esposizione a tramontana.
Secondo la testimonianza di Armanini, fin dal 1550 era *mezzo guasto*, ed il Vasari descrive quest'opera come una *macchia abbagliata*, un miscuglio confuso.
Nel 1726 fu restaurata dal Ballotti e qualche anno dopo completamente ridipinto da un mediocre restauratore di quadri, chiamato Mazza. Quando i francesi giunsero a Milano, nessuna parte del dipinto era rimasta sana, ad eccezione del cielo (che essendo stato eseguito con l'*oltremare* aveva resistito alle offese del tempo), le tre figure di apostoli alla sinistra del quadro, che Ballotti aveva restaurato, e le profanazioni di Mazza. I barbari che hanno distrutto questo capolavoro sono quindi il salnitro che trasuda dal muro, il fumo delle lampade ed il signor Mazza.
Sotto la direzione del viceré Eugène Beauharnais, si studiarono i modi di fermare la distruzione, minacciata dalla mano del tempo: un'i-

scrizione latina, messa sulla porta del refettorio, ricorda queste cure conservatrici. Secondo gli ordini di Napoleone, una copia esatta di questo affresco è stata eseguita da Giuseppe Bossi di Milano, un pittore la cui perdita era ancora universalmente deplorata quando giungemmo in quella città.
Inoltre Raffaelli ne ha eseguito, sotto gli auspici dell'Imperatore, un'altra copia a mosaico, che è uno degli esempi più preziosi di quest'arte singolare. Per quanto ordinato per Milano, eseguito da un milanese e pagato dal tesoro del Regno d'Italia, questo mosaico fu portato a Vienna dall'imperatore austriaco, capo della Santa Alleanza, contro i saccheggi francesi, e la sua perdita è molto sentita dagli italiani. Viaggiatori inglesi, quando la vostra indignazione insorge alla vista delle spoliazioni impietose dei soldati trionfanti, e dell'insolente disprezzo da essi perennemente mostrato nell'occupazione dei paesi stranieri per le proprietà municipali, non riservate tutte le espressioni della vostra collera ai soli francesi.

Tutti conoscono la considerevole quantità di tempo che Leonardo da Vinci dedicò alla sua *Cena* e come lasciò l'apostolo Giuda senza testa, finché il priore se ne lamentò col Duca di Milano, col quale il pittore si scusò di non aver potuto trovare ancora una testa che esprimesse, come egli avrebbe voluto, la bassezza e la cattiveria, ad eccezione di quella del priore stesso.
Questi aneddoti danno un maggiore interesse storico ad una pittura che ha tanti altri diritti alla nostra attenzione, e che Francesco I avrebbe voluto avere in suo possesso, anche a costo di trasportare il muro con essa.
Nel corso della mia visita a Santa Maria delle Grazie ero accompagnata da un distinto artista, al quale sono molto obbligata per le sue attenzioni, che mi sono state utili e piacevoli, e da un altro italiano, al corrente della storia e delle diverse vicende dell'*Ultima Cena*. I chiostri antichi ed imponenti del monastero limitano un ampio cortile. I loro pilastri gotici, gli archi, i soffitti, sono decorati da affreschi di Bernardo Zenale, che si dice

aiutò Leonardo nella composizione del *Cenacolo*, ma, per quanto si distinguessero ancora delle tinte d'oltremare brillanti, come il cielo che le rischiara, i pezzi si distaccavano e cadevano ai nostri piedi mentre passavamo. In quel luogo, in cui più di un entusiasta aveva vagabondato per ore, ammirando in silenzio al chiaro di luna i capolavori di Bernardo, abbandonandosi all'incanto di una malinconica meditazione, non trovammo altro che il rumore e la confusione di un ambiente militare. Da un lato un carro di artiglieria era messo presso un sarcofago spezzato, dall'altro alcuni soldati ridevano, cantavano, fumavano la pipa, seduti su un crocifisso rovesciato, una carniera a brandelli si stava seccando sul dorso scorticato di San Bartolomeo, ed un fucile appoggiato sulla spalla della Vergine le dava le sembianze di una sentinella.

Era, in una parola, il quartiere della Gendarmeria di Sua Maestà l'Imperatore d'Austria.

A sinistra del chiostro una porta si apre sul refettorio, che trovammo pieno di opere di tutti gli allievi più quotati della scuola lombarda moderna, ma noi portammo gli sguardi tutti insieme sulla *Cena* che progressivamente si cancella e cade di giorno in giorno da quel muro, su cui il pennello immortale di Leonardo l'ha tracciata. È stato innalzato un palco per dare modo di osservare la pittura più da vicino ed è messo proprio nello stesso posto in cui deve essere stato quello su cui il grande pittore dimenticava, lavorando, di prendersi il riposo e i ristori più necessari, e dove ricevette il Cardinale Gurcense, la cui ignoranza e le cui pretese furono oggetto di spiritoso sarcasmo.

Il primo oggetto che colpisce la vista quando ci si avvicina all'affresco, è una porta praticata nelle gambe della figura principale, che è proprio quella del Signore. La storia di questa porta è ben conosciuta a Milano. I piatti serviti al desco dei monaci si raffreddavano passando attraverso i chiostri, e fu decretato che si aprisse una comunicazione diretta tra il refettorio e la cucina che si trovava dietro la *Cena* di Leonardo. Così l'affresco fu danneggiato, perché il pranzo dell'abate potesse essere servito caldo. Questo aneddoto, che poteva servire di riscontro a quello del tiro dei soldati francesi, non è stato ricordato dal Signor Eustache, benché non sarebbe dovuto sfuggirgli se avesse visitato i resti del capolavoro.

Ralph Waldo Emerson

[1833]

8 giugno – Alle 8 di questa mattina abbiamo fatto il nostro ingresso a Milano attraverso un'ampia e splendida via. Vista la sommità della Cattedrale da lontano, e goduto più da vicino un assaggio delle sue glorie prima di arrivare all'albergo.

9 giugno – La Cattedrale è l'unica chiesa italiana che sia paragonabile a San Pietro. È un luogo impressionante e splendido, tanto all'interno quanto all'esterno. Anzi, è l'esterno ad essere splendido quanto l'interno, e merita una particolare attenzione. Fu iniziato nel 1386 e non è ancora terminato, benché sia perennemente in costruzione. Quando sarà finito avrà 7.000 statue all'esterno, tra grandi e piccole. Ora ce ne sono 5.000. È fatto per intero di marmo bianco, fin nei minimi dettagli e, come ci spiegò la guida, costerebbe una gran quantità d'oro, se non fosse che il committente ha lasciato alla chiesa una cava di marmo. Alla sua realizzazione si trovano impiegati costantemente quarantadue artisti. La passeggiata in cima alla chiesa è deliziosa, per la freschezza e la ricchezza del panorama che si vede. Circondata da un esercito di santi e martiri di marmo, con schiere di guglie meravigliosamente lavorate, che s'innalzano e fioriscono tutt'intorno, la nobile città di Milano ai piedi, e all'orizzonte le Alpi, offre uno dei panorami più grandiosi del mondo.

E poi, all'interno, la prospettiva gotica delle navate della chiesa è splendida, e così le sfumature della luce che filtra interamente dalle vetrate colorate, la ricchezza e la grandezza di tutti gli oggetti: trovarsi lì è veramente meraviglioso.

Un'enorme superficie di questa cattedrale è costituita da vetrate. Dietro l'altare maggiore ci sono tre enormi finestre separate solo dai telai, ciascuno dei quali possiede 12 lastre di vetro in ampiezza (ogni lastra è larga 1 piede) e 12 in altezza (ogni lastra è alta due piedi) e sopra a tutto una grande arcata di vetri di forma irregolare. Queste enormi vetrate contengono tutta la storia dell'umanità in lastre, una per ogni episodio, a partire da Adamo ed Eva. Sotto la chiesa si trova la suntuosa tomba di San Carlo Borromeo, la cui storia è l'orgoglio di Milano e ha fornito al Manzoni l'eroe de *I Promessi Sposi*.

La cordialità del Conte dal Verme ha mostrato a me e ai miei amici tutte le curiosità di Milano. Con la sua carrozza abbiamo visitato la città, come dicono i viaggiatori, «l'abbiamo vista tutta». Abbiamo visto ben otto chiese, oltre alla Cattedrale, alcune molto ricche. In una mi furono mostrati arazzi di due o tre secoli fa, dipinti in modo tanto fine, da sembrare decorati con un pennellino di pelo di cammello. Siamo andati all'Ospedale Grande, la più importante istituzione europea di questo tipo: magnifica carità. Ci sono 2.500 posti letto, quasi tutti pieni. Il personale è volontario. Sono accolti tutti coloro che ne fanno domanda. Abbiamo camminato lungo corridoi e corridoi di letti sui quali giacciono malati di ogni genere e con ogni malattia – seria, guaribile e triste. Questo ospedale è una piccola città.

Uno spettacolo molto diverso è quello del Palazzo di Brera, che comprende una grande pinacoteca di quadri, una grande biblioteca pubblica, e un osservatorio astronomico: ci fu mostrato tutto. Poi visitammo il trionfale Arco del Sempione, concepito e iniziato da Napoleone che lo voleva come simbolo della fine della strada del Sempione, da Parigi a Milano. Lo sta portando a termine il governo austriaco, naturalmente con qualche variazione nei bassorilievi. Siamo andati alla Biblioteca e al Museo Ambrosiano, dove ho visto la copia di Virgilio posseduta da Petrarca, tutta annotata da Petrarca stesso, all'Ospedale dei Frati Fatebenefratelli, al Castello, all'Arena, a un collegio, all'ufficio del registro, eccetera.

Il mio amico Conte non parla bene del governo austriaco. Lo definisce geloso e avido, e dice che tiene l'Italia in scacco coi cannoni

puntati. Ci sono 96 o 97 mila truppe austriache in Lombardia. Quando fece domanda per il passaporto per andare negli Stati Uniti d'America, gli ci vollero 16 mesi per averlo.
Ho visitato la chiesa di San Domenico per vedere il famoso affresco dell'*Ultima Cena* di Leonardo da Vinci. Purtroppo è rovinato dal tempo e dalla muffa. Il volto di Cristo, però, è sempre notevole.
Milano è una città ben costruita, con grandi viali e piccole strade con binari di pietra per i carri nel mezzo della strada. Sembra troppo moderna per essere così in prima linea, com'è stata, nella storia europea, perché Milano è stata teatro di ogni conflitto.
Queste città antiche hanno sulle nostre città nuove un vantaggio che colpisce con forza un americano. In altre parole, anche gli abitanti più poveri vivono in case salubri. Nel corso del tempo una città si riempie di palazzi nuovi, perché i ricchi abbandonano sempre quelli più vecchi per quelli più recenti, così anche i mendicanti finiscono con l'abitare quelle che un tempo sono state dimore acco-

glienti e costose. Così tutte le trattorie, anche quelle senza pretese, hanno opere intagliate e affreschi, come il Marino, dove sto cenando con i miei compagni di viaggio...

John Ruskin
[1845]

Milano, mercoledì sera 16 luglio

Mio caro padre,
mi ha colmato di gioia scoprire che il Duomo mi affascina come prima, se non di più: è veramente l'opera più maestosa del mondo; da lì ho ammirato una veduta del Monte Rosa che mi ha fatto un gran bene. Il tempo, invece, è orrendo. Oggi c'è stato il sole fino alle due, ma un vento umido e freddo, soffiando a raffiche, sollevava in aria la polvere; all'una e mezzo è apparsa a ponente una grande nube nera che ha continuato ad avanzare fino ad oscurarci completamente, poi il cielo è stato attraversato da un fulmine terribile e alla fine è caduta una grandinata, come quella che colpì l'Egitto con chicchi che andavano dalle dimensioni di una

nocciola a quelle di una grande noce, qui, mentre sui bastioni erano più grossi di un uovo di gallina. Non avevo mai visto niente di più terrificante del modo in cui la grandine abbatteva le foglie degli oleandri e le mandava in pezzi, giù nel cortile; gli alberi dei bastioni sono mezzi spogli e la strada è coperta di verde.
I chicchi appena caduti erano cristallizzati in maniera ammirevole, en rose, come il ferro a Dover; ma presto gli spigoli si sono smussati; uno dei più belli l'ho portato dentro per esaminarlo mentre si scioglieva, ne ho innanzitutto misurato la circonferenza, dopo che era rimasto nel cortile abbastanza da avere gli angoli arrotondati; ecco quanto misurava:
Dispongo solo di un regolo a braccia, quindi non posso dirti l'equivalente in pollici; la misura italiana è di 5 e 1/4. Mentre si scioglieva, mostrava la sua meravigliosa struttura interna, assumendo dapprima la forma segnata con la lettera *a*, poi quella indicata con la *b*. Ma due ore dopo che tutto era finito, sui bastioni, dove la grandine era caduta più

grossa, ho trovato alcuni chicchi, il più grande dei quali misurava

di circonferenza, e presentava la forma singolare che ho indicato con la lettera *c*, costituita evidentemente dal segmento di un chicco piccolo unito a quello di uno grosso;

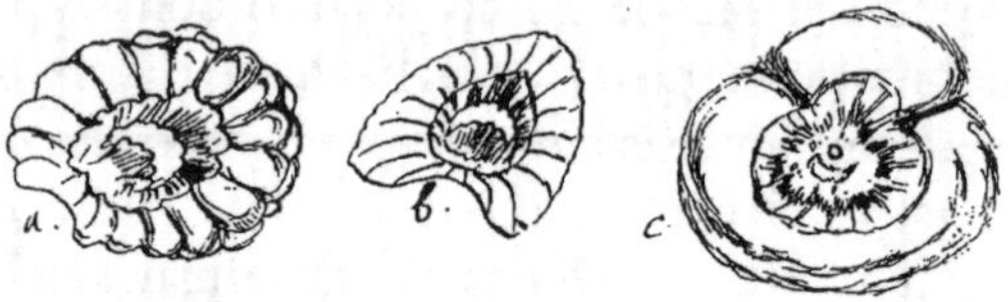

ma la cosa curiosa è che questo fenomeno dovrebbe essersi verificato nel momento in cui si è formato il chicco; infatti nel centro puoi notare una piccola mezzaluna bianca ed un cerchio, che sono il nucleo di entrambi i frammenti. Ho fatto disegni più precisi, mettendo i chicchi sopra il foglio e ne ho tracciato il contorno per

essere sicuro di riprodurne la grandezza esatta, in ogni caso questi ti danno un'idea. Domani dovrò essere in piedi alle quattro per osservare le Alpi, quindi ti auguro buonanotte.
Saluta la mamma.
Il tuo affezionatissimo figlio

J. RUSKIN

Giovedì 17 luglio

Questa Milano continua a piacermi come sempre; è molto più italiana di Firenze per quanto riguarda la gente: non vieni infastidito o interrotto di continuo. Le donne sono velate di nero e sono pettinate con grazia; gli uomini sono onesti e affaccendati; l'aria è fresca... forse un po' troppo di prima mattina. Ho avuto l'occasione di ammirare il Monte Rosa, il Finsteraarhorn, il Sempione, il San Gottardo e lo Jungfrau, tutti ben visibili questa mattina alle cinque. Però c'è ben poca neve sul versante italiano. Ancor più belli appaiono al tramonto, quando si stagliano scuri contro i raggi del sole. Avrai notato che stasera

sono piuttosto sintetico, ma ci sono alcune chiese che posso vedere solo con la luce chiara del primo mattino, ed è quindi meglio che vada a dormire.
Saluta la mamma.
Il tuo affezionatissimo figlio

J. RUSKIN

Charles Dickens

[1845]

... Proseguimmo tra fango, nebbia, pioggia, acquitrini e attraverso una nebbia tale che nessun inglese, forte della sua convinzione di possedere lui solo ingiustizie particolari, crederebbe esistere al di fuori del suo paese, finché imboccammo la strada lastricata di Milano. La nebbia qui era così fitta che il pinnacolo del famosissimo Duomo, per quel che se ne poteva scorgere, avrebbe potuto tranquillamente trovarsi a Bombay. Ma poiché allora sostammo solo pochi giorni per ristorarci e vi ritornammo di nuovo l'estate successiva, ebbi ampiamente agio di vedere la gloriosa struttura in tutta la sua maestosità e bellezza.

Sia reso ogni cristiano omaggio al santo che vi riposa! Ci sono molti santi buoni e veri nel calendario, ma San Carlo Borromeo ha, se posso citare Mrs Primrose a tale proposito, «tutto il mio affetto». Un medico caritatevole con i malati, un amico generoso con i poveri, e questo non per cieca bigotteria, ma per coraggiosa opposizione agli abusi della Chiesa romana; ne onoro la memoria. E la onoro anche perché fu quasi ucciso sull'altare da un prete, istigato da altri preti indegni a causa del suo impegno per riformare una confraternita di monaci falsa e ipocrita. Il cielo protegga tutti gli imitatori di San Carlo Borromeo come protesse lui! Un Papa riformatore avrebbe bisogno ancora oggi di un po' di protezione. La cappella sotterranea, in cui è conservato il corpo di San Carlo Borromeo, presenta un contrasto forte e spaventoso quant'altri mai. I ceri accesi laggiù brillano e splendono su altorilievi d'oro e d'argento, delicatamente lavorati da mani esperte, che rappresentano i principali eventi della vita del santo. Gioielli e metalli preziosi splendono e luccicano ovunque. Un argano rimuove lentamente la parte anteriore dell'altare e all'interno, in un magnifico baldacchino d'oro e d'argento, è

visibile attraverso l'alabastro una mummia raggrinzita: le vesti pontificali di cui è vestita scintillano di diamanti, smeraldi, rubini e di ogni possibile pietra preziosa e luminosa. Il rinsecchito viluppo di povera argilla in mezzo a tanto luccichio, suscita più pietà di quanta ne farebbe se fosse adagiato su un mucchio di letame. Non c'è un raggio di luce, in tutto quel luccicante fuoco di gioielli, che non sembri beffare quei buchi polverosi che un tempo furono occhi. Ogni singolo filo di seta dei ricchi paramenti sembra solo una provvista dei vermi che filano, a beneficio di altri vermi che si moltiplicano nelle tombe.
Nel vecchio refettorio di Santa Maria delle Grazie si trova l'opera d'arte forse più nota al mondo: l'*Ultima Cena* di Leonardo da Vinci, con una porta tagliata nel mezzo dagli intelligenti frati domenicani per facilitare le operazioni dei pasti. Non sono esperto nell'arte della pittura, e non ho altro mezzo di giudicare un dipinto che il vedere se assomiglia o è migliore dell'originale, e se presenta belle combinazioni di forme e di colori. Non

sono quindi affatto un'autorità in materia di «tocco» di questo o quel maestro; benché io sappia molto bene (come chiunque potrebbe, se decidesse di rifletterci) che pochissimi grandi maestri possono aver dipinto, nella loro vita, metà delle tele che portano il loro nome, e che sono ritenute senza dubbio originali da coloro che aspirano a farsi una reputazione in fatto di buon gusto. E tutto ciò perché a proposito dell'*Ultima Cena* vorrei semplicemente osservare che nella sua bellezza di composizione ed esecuzione, c'è a Milano un dipinto meraviglioso; e che, se si considerano i colori originali, o l'originale espressione di ogni singolo volto o tratto, quel dipinto non esiste più. A parte il danno causato da umidità, decadenza e incuria, è stato (come mostra Barri) tanto ritoccato e ridipinto, e in modo tanto goffo, che molte teste sono ora vere e proprie deformità, con pezzi di pittura e stucco appiccicati sopra ad esse come cisti, che distorcono completamente l'espressione. Dove l'artista originario posò il segno del suo genio su un volto che, quasi con una sola linea, con un singolo tocco, lo distingueva dai pittori minori e lo rendeva ciò che egli era, in seguito pasticcioni riempiendo, o dipingendo sopra venature e crepe, sono stati incapaci di imitare la sua mano e mettendo cipigli, o aggrottamenti, o rughe di loro invenzione, hanno deturpato e rovinato il lavoro. Questo è un fatto storico così ben dimostrato, che io neanche ripeterei per il rischio di risultare noioso, se non fosse che ho osservato un gentiluomo inglese che, di fronte al dipinto, smaniava per accusare una sorta di convulsione a causa di certi piccoli dettagli di espressione che ora non ci sono più. Sarebbe invece ragionevole e comodo, per viaggiatori e critici, arrivare ad un generale convincimento che si è certo trattato un tempo di un'opera dai meriti eccezionali, poiché la grandezza del disegno generale, per poche bellezze che del lavoro rimangono, lo conferma ancora come un pezzo pieno di interesse e dignità.

Visitammo poi altri luoghi della città di Milano, che è davvero una bella città, anche se non così tipicamente italiana da possedere le qualità caratteristiche di molte città in sé meno importanti. Il Corso, dove la nobiltà fa avanti e indietro in carrozza (piuttosto che rinunciarvi preferirebbero digiunare a casa), è una bellissima passeggiata, con lunghi viali ombreggiati. Al grande teatro della Scala dopo l'opera si dava un balletto intitolato *Prometeo*, all'inizio cento o duecento persone rappresentavano la nostra razza mortale prima che le raffinatezze dell'arte e delle scienze, dell'amore e della grazia, venissero in terra a raffinarla. Non ho mai visto nulla di così impressionante. In linea generale la pantomima italiana è più ragguardevole per il suo carattere improvviso e impetuoso, che non per delicatezza di espressione. Ma in questo caso la languente monotonia della vita aspra, misera, indifferente e malinconica, le sordide passioni e i desideri degli uomini, privi di quelle influenze che elevano e alle quali dobbiamo molto (e ai cui fautori diamo così poco), erano espresse in un modo davvero potente e toccante. Avrei pensato che non fosse possibile esprimere un tale concetto sul palcoscenico, senza l'ausilio della parola. Ci lasciammo Milano alle spalle alle cinque del mattino e, prima che la statua d'oro in cima al pinnacolo del Duomo si perdesse nel cielo azzurro, le Alpi, coi loro picchi e crinali stupendamente confusi tra nuvole e nevi, si levarono maestose sul nostro sentiero.

Hermann Melville

[1857]

Partito da Venezia alla volta di Milano alle cinque e mezzo del mattino. Passato per Padova, Vicenza e Verona, dove è salita sul vagone una coppia di sposi. Fra Verona e Brescia belle vedute del Lago di Garda col Monte Baldo in lontananza. Lungo panorama del lago fra le imponenti montagne che lo sovrastano, coperte di neve che, sciogliendosi quasi impercettibilmente, dona riflessi rossi. Passato, puntando continuamente verso nord, attraverso i primi contrafforti delle Alpi. La ferrovia corre sopra il livello piatto della pianura lombarda. Coltivazione ricca. Alberi di gelsi, vigne. Le fattorie sono così diverse dalle nostre. Non c'è traccia di duro lavoro, come accade da noi. Questa regione è il teatro delle battaglie napoleoniche. A Coccaglio presa la diligenza per Treviglio (18 miglia da Milano). Galoppato dall'una fino alle tre del pomeriggio in *coupé*. Arrivato a Milano alle sette e mezzo. In omnibus fino all'Hotel de la Ville. Lite alla stazione fra un vetturino e un gendarme austriaco. Sono uscito per vedere il Duomo di notte, giro dei negozi ecc... Un canale.

7 aprile. Martedì. Alla Galleria. Grandissima e con numerosi, notevoli quadri. Il martirio di Santa Caterina. San Marco ad Alessandria è ammirevole per l'accuratezza dell'architettura, dei costumi e per l'espressività. Al campo d'armi. Arco. A vedere il dipinto di Leonardo da Vinci nella periferia di Milano. Vecchia curiosa chiesa di mattoni. Antichissima. È stato difficile trovare il refettorio. Alla fine sono stato indirizzato attraverso un'arcata dove si trovavano dei trombettieri. Non per Leonardo, tuttavia. Condotto attraverso passaggi occupati da militari (cavalleria) in un ampio cortile, come quello di una locanda. Il refettorio è una lunga, alta, spoglia stanza con le due estremità affrescate. Un'ottima posizione per i pittori da copia. Si prendono gli ultimi bagliori del tramonto. L'intera pittura è sbiadita e quasi scomparsa (ne ho visto una copia in fotografia). Significato dell'*Ultima Cena*. Le gioie del banchetto finiscono presto. Uno mi tradirà, uno di voi – gli uomini sono così falsi – lo splendore dell'amicizia così evanescente, l'egoismo così duraturo. Leonardo e la sua predilezione per la pittura a olio, il caso di un grande uomo (Wordsworth) e la sua teoria. Al Duomo. Meraviglioso. Mi dà più soddisfazione che San Pietro. Una grandiosità ammirevole. Effetto delle vetrate in fiamme all'estremità della navata. Sono salito – molto più in basso le persone nelle torrette dall'intricata e scoperta tessitura paiono mosche catturate in una tela di ragno. Gruppi di angeli in cima ai pinnacoli e ovunque. Non la concezione, ma l'esecuzione. La vista dalla sommità. Potrei benissimo rimanere ospite in cima al Duomo di Milano. Pranzato alle cinque alla *table d'hôte* dell'Hotel de la Ville. C'era lì un vecchio, curioso gentiluomo che si gloriava di riempirsi il bicchiere. Un giovanotto. Conversazione sul Duomo.

George Eliot

[1860]

Sulla nostra strada per Milano è caduta una pioggia battente che ha posto fine al tempo splendido di cui avevamo goduto fin dal nostro arrivo a Napoli. [...] In questa mia seconda visita a Milano, i miei più grandi piaceri sono stati la galleria di Brera e la Biblioteca Ambrosiana, che non avevo mai visto prima. La Cattedrale non ha più soddisfatto la mia vista esternamente; e benché l'interno sia di grande effetto, ci sono ancora elementi di disturbo.

Alla Biblioteca Ambrosiana abbiamo visto manoscritti che per interesse sono superiori persino a quelli che avevamo visto alla Biblioteca Laurentina di Firenze – libri miniati sacri e profani – un piccolo Corano arrotolato come un nastro metrico, lettere private di Tasso, Galileo, Lucrezia Borgia eccetera, e un libro pieno di disegni tecnici di Leonardo da

Vinci. Poi al piano superiore abbiamo visto una deliziosa sacra famiglia di Luini, di meravigliosa perfezione nella sua esecuzione, il bozzetto della Scuola di Atene di Raffaello e una preziosa collezione di disegni di Leonardo da Vinci e Michelangelo. Fra quelli di Leonardo ci sono sorprendenti volti grotteschi, pieni di umorismo, tra quelli di Michelangelo c'è lo schizzo dello sfortunato Biagio che figura con orecchie d'asino, nell'angolo più basso del Giudizio Universale.

A Brera, tra una moltitudine di dipinti che mi erano indifferenti, c'erano molte cose che mi hanno deliziato: alcuni affreschi di Luini, soprattutto la sepoltura e il trasporto del corpo di Santa Caterina da parte degli angeli, alcune figure di giovani cherubini, e Giuseppe e Maria che si recano alle loro nozze; il disegno a pastello di Leonardo della testa di Cristo, che si presume sia uno studio per la *Cena*; il Luini – *Madonna nel roseto* – uno squisito dipinto ad olio, il dipinto di Gentile Bellini di San Marco che prega ad Alessandria e lo *Sposalizio* di Raffaello.

Alla chiesa di San Maurizio Maggiore, abbiamo visto il potere di Luini messo abbondantemente alla prova: i muri sono quasi completamente coperti dai suoi affreschi, ma si esprime in maniera notevole solo nelle figure femminili, che sono immensamente graziose. Non ha abbastanza potere per creare alti personaggi. Abbiamo visitato l'interessante antica chiesa di Sant'Ambrogio, con il suo cortile circondato dal chiostro, il suo antico pulpito scolpito, il seggio di Sant'Ambrogio e corali miniati e ci recammo a vedere la linea di vecchie colonne romane che sono quasi il solo reperto archeologico rimasto in questa antica città, antica almeno nel suo nome e nella sua collocazione.

Marc Twain

[1867]

Verso il tramonto ci avvicinammo a Milano e cominciammo a intravedere la città e le vette azzurrine alle sue spalle. Ma non ci importava niente di tutto ciò, non ci interessava per nulla. Non stavamo più nella pelle, morivamo dalla voglia di vedere la celebre Cattedrale! Guardavamo in questa direzione e in quella, tutt'attorno, dovunque! Non c'era bisogno che qualcuno ce la indicasse, non volevamo che qualcuno ce la segnasse a dito: l'avremmo riconosciuta anche nell'immenso Sahara. Finalmente una foresta di graziosi aghi che scintillavano nella luce ambrata, si innalzò sui tetti di piccole case, proprio come talvolta capita di vedere all'orizzonte un cumulo di nubi alto e dorato sulla distesa di onde marine. La Cattedrale! La riconoscemmo in un attimo. Per metà della notte e tutto il giorno suc-

énorme admiration pour le Duomo

cessivo questo autocrate dell'architettura fu il nostro unico oggetto d'interesse. Quale meraviglia! Così grandioso, solenne, ampio! E allo stesso tempo così delicato, aereo, pieno di grazia! Un universo di solidità che alla delicata luce della luna sembrava solo una visione fatata di ghiaccio che può svanire in un soffio! Con quale acutezza i suoi spioventi coperti di pinnacoli e la sua massa di guglie si stagliavano contro il cielo, e con quale ricchezza le loro ombre si proiettavano contro il cielo e sul candido tetto. Era una visione! Un miracolo! Un inno intagliato nella pietra, una poesia scolpita nel marmo!

Comunque si guardi alla grande Cattedrale è nobile e bella. Dovunque ci si trovi a Milano, o entro sette miglia da Milano, essa è visibile, e null'altro può competere nel catturare l'attenzione. Lascia correre per un attimo gli occhi liberi dalla volontà ed essi ne andranno in cerca. È la prima cosa che cerchi quando ti alzi al mattino e l'ultima su cui lo sguardo si posa la sera. Senza dubbio deve essere la creazione più regale che umano intelletto abbia potuto concepire. Alle nove del mattino andammo a metterci di fronte al colosso di marmo. Delle cinque grandi porte, quella centrale è decorata da un bassorilievo di uccelli, frutta, animali ed insetti che sono stati così abilmente scolpiti nel marmo da sembrare vivi. Le figure sono così tante e il disegno è così complesso che si può stare una settimana a studiarli senza perdere interesse. Sulla guglia principale, che sormonta la miriade di cuspidi, tra esse, sopra le porte e le finestre, negli angoli e nei cantucci, ovunque ci sia spazio per una nicchia o per un trespolo nell'enorme edificio, da cima a terra, c'è una statua di marmo e ogni statua costituisce uno studio. Raffaello, Michelangelo, Canova, tali furono i giganti che ne tracciarono il disegno, mentre i loro discepoli le scolpirono. Ogni volto ha un'espressione eloquente e ogni gesto è pieno di grazia. In alto, sul tetto superbo, balzano nell'aria, una fila sull'altra, cuspidi scolpite e decorate, e attraverso il ricco ricamo si scorge il cielo. Nel mezzo campeggia orgogliosa la guglia principale, simile all'albero

maestro di qualche grande bastimento della compagnia delle Indie su una flottiglia di minuscole navi.
Desideravamo salire. Il sacrestano ci mostrò una scala di marmo (naturalmente era di marmo, del più puro e candido, non essendoci né pietra, né legno, tra i materiali della costruzione) e ci disse di fare centottantadue scalini e di fermarci ad aspettarlo. Non c'era bisogno di precisarlo; l'avremmo fatto comunque. Quando arrivammo lassù eravamo stanchi, ci trovavamo sul tetto. Qui, dalle grandi lastre del pavimento, si levavano le lunghe file di guglie che da vicino sembravano altissime, ma che diminuivano con la distanza, come canne di organo. Ora potevamo vedere che le statue che erano in cima avevano le dimensioni di una persona robusta, sebbene dalla strada sembrassero bambole. Potevamo anche vedere che, all'interno di ogni guglia cava, si sporgevano sul mondo sottostante da sedici a trentuno belle statue di marmo.
Dagli spioventi al colmo del tetto, grandi archi pensili di marmo si protendevano in suc-

cessione infinita, come gli stantuffi di un battello a vapore, e lungo ciascun arco c'era una fila di fiori e di frutta riccamente scolpita, vi erano rappresentate più di quindicimila specie. A breve distanza queste file sembravano unirsi come gli scambi ferroviari, e la mescolanza di gemme e di fiori di questo giardino marmoreo dà luogo ad una vista affascinante per gli occhi.

Scendemmo ed entrammo. All'interno lunghe serie di colonne scanalate, simili a grandi monumenti, dividevano l'edificio in ampie navate e sul pavimento decorato ricadevano tenui chiazze di colore dalle sovrastanti vetrate. Sapevo che la chiesa era immensa, ma potei apprezzarne le dimensioni solo quando mi accorsi che gli uomini accanto all'altare erano come ragazzini e sembravano scivolare più che camminare. Vagammo alzando lo sguardo verso le immense vetrate che risplendevano degli intensi colori delle scene della vita di nostro Signore e dei suoi seguaci, alcune di queste pitture sono dei mosaici e le mille tessere di pietra o vetro colorato sono unite con una tale perizia che l'opera ha la levigatezza e la precisione di un dipinto. In una finestra contammo sessanta riquadri di vetro, ognuno dei quali era decorato con uno di questi capolavori di genialità e pazienza.

La guida ci mostrò una scultura color caffellatte che, secondo lui, era considerata una creatura di Fidia, dal momento che nessun altro artista, in qualsiasi epoca, avrebbe potuto copiare la natura con altrettanta infallibile accuratezza. Era l'immagine di un uomo senza pelle, del quale ogni vena, arteria, muscolo, e ogni fibra, tendine, tessuto della struttura corporea era rappresentato nei minimi dettagli. Aveva un aspetto naturale, perché in qualche modo sembrava sofferente. Un uomo spellato probabilmente avrebbe quell'aria, a meno che la sua attenzione non fosse rivolta ad altro. Era un'immagine orribile, eppure aveva un suo fascino. Sono dispiaciuto di averla vista, perché ora l'avrò sempre davanti agli occhi. Talvolta mi apparirà in sogno. La sognerò mentre appoggia sul mio capezzale il braccio nodoso e mi guarda

con gli occhi senza vita. Sognerò di sentirla sdraiarsi fra le lenzuola accanto a me e toccarmi coi suoi muscoli scoperti e le gambe gelide e fibrose. [...]
Ora scenderemo nella cripta sotto l'altare maggiore del Duomo di Milano per ascoltare un eloquente sermone da labbra che sono rimaste silenziose e da mani che non hanno fatto gesti per trecento anni. Il prete si fermò in un piccolo sotterraneo e sollevò la candela. Era il luogo dell'eterno riposo di un uomo buono, caritatevole, generoso, un uomo che aveva dedicato la vita ad aiutare i poveri, a incoraggiare i deboli, a visitare i malati, ad alleviare la sofferenza, dovunque e comunque gli fosse capitato di trovarla. Il suo cuore, la sua mano, e la sua borsa erano sempre aperti. Con la sua storia in mente, sembra quasi di vederlo con il suo aspetto benigno muoversi sereno fra i volti macilenti dei milanesi nel periodo in cui la peste mieteva vittime in città; coraggioso mentre tutti gli altri erano terrorizzati; pietoso mentre la compassione veniva bandita in ogni petto da un istinto di

sopravvivenza divenuto folle per il terrore; teso a incoraggiare tutti, pregare, aiutare, con la mano, la mente e la borsa, in un momento in cui i genitori dimenticavano i figli, l'amico abbandonava l'amico, il fratello voltava le spalle alla sorella con le sue richieste d'aiuto ancora nelle orecchie. Questo era San Carlo Borromeo, vescovo di Milano. Il popolo l'idolatrava, i principi profondevano su di lui tesori inestimabili. Eravamo nella sua tomba. Lì vicino c'era il suo sarcofago illuminato dai ceri che colavano. Le pareti erano decorate di bassorilievi d'argento massiccio che raffiguravano scene della sua vita. Il prete infilò una cotta di trina sulla tonaca nera, si fece il segno della croce, s'inginocchiò con rispetto e cominciò a girare lentamente una manovella. Il sarcofago si divise in due parti, per tutta la lunghezza, e la parte inferiore scese rivelando una bara di cristallo di rocca trasparente come l'aria. All'interno c'era la salma, abbigliata di panni preziosi, decorati di merletti d'oro e trapunti di gemme scintillanti. Il capo reclino era nero per gli anni, la pelle secca era aderente alle ossa, gli occhi scomparsi, c'era una cavità sulla tempia e un'altra sulla guancia, e le labbra scarne erano aperte in un orrendo sorriso! Sopra il volto spaventoso, la polvere e la decadenza, il ghigno irridente, si trovava una corona tempestata di brillanti, mentre sul petto giacevano la croce e il pastorale d'oro massiccio con smeraldi e diamanti.

Come apparivano poveri, miserabili, volgari quei gingilli al cospetto della solennità, della grandiosità, della terribile maestà della morte! Pensate a Milton, Shakespeare, Washington, di fronte a una folla reverente agghindata con perline di vetro, orecchini d'ottone e con la paccottiglia dei selvaggi delle pianure!

Il defunto Borromeo proferiva il suo intenso sermone con queste parole: tu che adori le vanità del mondo, tu che brami gli onori del mondo, le ricchezze terrene, la fama, guarda quanto valgono!

A noi sembrava che un uomo così buono, così tenero di cuore, semplice di natura, meritasse la pace di una tomba vietata agli occhi dei

curiosi, ed eravamo convinti che lui stesso l'avrebbe preferito, anche se forse la nostra saggezza a questo proposito si sbagliava.
Quando risalimmo, un altro prete si offrì di mostrarci i tesori della chiesa. Cos'altro ancora? L'arredo della piccola stanza mortuaria che avevamo appena visto valeva sei milioni di franchi, solo considerando il peso in once e carati, senza considerare la costosa manodopera! Lo seguimmo in uno stanzone pieno di grandi scaffali di legno simili ad armadi. Li spalancò e ..., i lingotti d'oro grezzo degli uffici del Nevada spariscono al confronto. C'erano Vergini e vescovi là dentro, più grandi che al naturale, d'argento massiccio, ciascuno dei quali, per peso, ha un valore oscillante fra ottocentomila e due milioni di franchi, recanti in mano libri tempestati di gemme del valore di ottantamila franchi; c'erano bassorilievi che pesavano seicento libbre, incisi in argento massiccio; croci, pastorali, candelieri alti dai sei agli otto piedi, tutti d'oro puro e sfolgoranti di pietre preziose; ed oltre ad essi c'erano vari generi di coppe, di

vasi e simili, del valore da stabilirsi in proporzione. Sembrava il palazzo di Aladino. Il valore di questo tesoro, solo in termini di peso, senza contare la lavorazione, è di circa cinquanta milioni di franchi! Se me ne venisse affidata la custodia per qualche tempo, temo che il prezzo dei vescovi d'argento si innalzerebbe, in conseguenza del loro rarefarsi nella Cattedrale di Milano.

Il prete ci mostrò due dita di San Paolo ed uno di San Pietro, un osso di Giuda Iscariota (di colore nero) ed altre ossa degli altri discepoli, un fazzoletto sul quale il Signore aveva lasciato l'impronta del volto. Fra le reliquie più preziose c'era una pietra del Santo Sepolcro, un frammento della corona di spine (a Notre-Dame ne hanno una intera), un brandello del manto di porpora indossato dal nostro Signore, un chiodo della croce e un dipinto della Vergine con il bambino eseguito dalla indubbia mano di San Luca. È la seconda Vergine di San Luca che abbiamo visto. Una volta all'anno tutte queste reliquie vengono portate in processione per le vie di Milano.

Mi diverto a soffermarmi sui particolari più aridi della grande Cattedrale. L'edificio ha una lunghezza di cinquecento piedi ed una larghezza di centottanta, e il campanile più alto del circondario è di quattrocento piedi. Ha settemilacentoquarantotto statue di marmo e ne avrà altre tremila quando sarà finito. Inoltre ha millecinquecento bassorilievi. Possiede centotrentasei pinnacoli ai quali ne vanno aggiunti ventuno. Ognuno è sormontato da una statua alta sei piedi e mezzo. La chiesa è interamente di marmo, proveniente dalla medesima cava. Questa venne donata per tale scopo al Vescovado, secoli fa. Quindi l'unico costo è la manodopera, che è molto costosa. Il conto ammonta finora a seicentottantaquattro milioni di franchi (molto più di cento milioni di dollari) e si stima che ci vorranno centoventi anni per portare a termine il Duomo. Sembra finito, ma è ben lungi dall'esserlo. Ieri abbiamo visto una nuova statua posta in una nicchia, accanto ad un'altra che si dice sia lì da più di quattro secoli. Ci sono quattro scale che portano alla guglia principale, ognuna costa centomila dollari, con le quattrocentootto statue che la decorano. Marco Campioni fu l'architetto che disegnò la meravigliosa struttura più di cinquecento anni or sono, e gli ci vollero quarantasei anni per progettare il disegno e consegnarlo ai costruttori. Ora è morto. L'edificio è stato iniziato poco meno di cinquecento anni fa e le prossime tre generazioni non lo vedranno finito. La costruzione è più bella alla luce della luna, poiché le parti più vecchie, scurite dagli anni, contrastano in maniera sgradevole con quelle più recenti e più bianche. In qualche modo sembra troppo ampio in confronto all'altezza, anche se l'abitudine finisce col dissipare questa impressione.

Dicono che il Duomo di Milano venga solo dopo San Pietro a Roma. Non riesco a capire come possa essere secondo a qualsiasi altra opera eseguita dalla mano dell'uomo.

Gli demmo l'addio, probabilmente per sempre. Di certo, quando in futuro il ricordo del Duomo avrà perso il suo fulgore nella nostra mente, crederemo di averlo visto in un sogno meraviglioso, ma mai ad occhi aperti.

«Do you wiz zo haut can be?» fu ciò che ci chiese la guida mentre stavamo osservando i cavalli di bronzo sull'Arco della Pace. Intendeva dire: volete salire lassù? Ve lo propongo come esempio di inglese da guida turistica. Questa è la gente che rende faticosa la vita dei turisti. Non tacciono mai. Parlano, parlano ed è questa la lingua che usano. L'ispirazione stessa faticherebbe a capirli. Se si limitassero a mostrarvi un capolavoro artistico, un venerabile sepolcro, una prigione, un campo di battaglia consacrato da commoventi memorie, o da ricordi storici, o consolidate tradizioni, e quindi si facessero da parte, chiudendo la bocca e lasciandovi meditare, non sarebbe male. Invece, con il loro fastidioso chiacchierio, interrompono ogni sogno, ogni piacevole flusso di pensieri. Talvolta, quando mi sono trovato davanti a qualche mio vecchio amato idolo, di cui ricordo le illustrazioni del libro di geografia dei tempi di scuola, avrei dato il mondo intero perché il pappagallo sotto umane spoglie che avevo al fianco fosse morto all'istante, permettendomi di guardare, meditare e adorare.

No, non intendevamo «wiz zo haut can be». Volevamo recarci alla Scala, il teatro più grande del mondo, credo che lo chiamino. Così facemmo. Si tratta di un luogo spazioso. Sette settori separati e distinti, sei grandi emicicli e un immenso impiantito d'assi.

Volevamo recarci alla Biblioteca Ambrosiana e così facemmo. Vedemmo un codice di Virgilio con le annotazioni autografe del Petrarca, il signore che amò la Laura di un altro e che per tutta la vita profuse in lei un amore che era un indiscutibile spreco di materia prima. Era un sano sentimento, ma un cattivo giudizio. Ciò determinò la fama di entrambe le parti, e fece sgorgare nei cuori teneri una fontana di commiserazione che ancora sgorga. Ma chi ha una parola per il povero marito di Laura? (Non so come si chiami). Chi gli rende gloria? Chi lo copre di lacrime? Chi scrive versi su di lui? Nessuno. Pensate che potesse amare la situazione che ha dato tanto piacere alla gente? Come poteva trarre godimento dal fatto che un altro uomo segui-

va sua moglie ovunque andasse, rendendo familiare il di lei nome su bocche italiane che puzzano d'aglio, con i sonetti a lei dedicati? Essi ebbero fama e comprensione, lui né l'una, né l'altra. Si tratta di un esempio particolarmente felice di quella che si definisce giustizia poetica. Tutto molto bello, ma non corrisponde alla mia nozione di giustizia; troppo parziale, troppo ingeneroso. Lasciamo che la gente continui a piangere su Laura e Petrarca; per quel che mi riguarda, dedicherò lacrime e pianti a colui che nessuno canta.
Vedemmo anche una lettera autografa di Lucrezia Borgia, una donna verso la quale ho nutrito sempre un grande rispetto, per la sua rara capacità istrionesca, per il suo spacciare come coppe d'oro massiccio quelle di legno dorato; per l'alto livello di melodrammatica urlatrice e la facilità con cui sapeva organizzare un funerale sestuplo e predisporre le salme a tal scopo. Vedemmo un solo volgare capello giallo di Lucrezia. Risvegliò delle emozioni, ma siamo ancora vivi. Nella stessa biblioteca vedemmo dei disegni di Miche-

langelo e di Leonardo da Vinci. Ci riserviamo di esprimere la nostra opinione su questi schizzi.
In un altro palazzo ci mostrarono un affresco che rappresenta leoni e altri animali che trainano un carro, sembrano aggettare talmente dalla parete che li scambiammo per sculture. L'artista ha abilmente creato l'illusione, dipingendo un gran polverone alle spalle di quelle creature, come se fosse stato provocato in maniera naturale. Bel furbacchione, sempre che ingannare i forestieri possa essere definito un atto di furbizia.
Altrove vedemmo un possente anfiteatro romano con i sedili in pietra ben conservati. Modernizzato, vi si svolgono ora intrattenimenti decisamente meno cruenti di una torma di belve che pasteggiano a cristiani. In alcune stagioni i milanesi la usano come ippodromo, in altre l'allagano e ci fanno vivaci regate. Così ci disse la guida, che non s'azzarderebbe a dire menzogne, quando tutto ciò che può fare è dire la verità in inglese, senza restare con le mascelle paralizzate. Da un'al-

tra parte ci fecero vedere una sorta di pergolato estivo con una staccionata di fronte. Guardammo meglio e, attraverso il pergolato, scorgemmo una distesa infinita di fiori, di cespugli e prati. Avremmo desiderato andare a riposarci, ma non era possibile. Si trattava di un altro inganno, il dipinto di un artista ingegnoso, ben poco caritatevole con la gente stanca. L'inganno era perfetto. Nessuno avrebbe pensato che si trattava di un parco finto. In un primo momento c'era perfino sembrato di sentire il profumo dei fiori. Al crepuscolo prendemmo una carrozza e percorremmo i viali alberati con la nobiltà, e dopo cena prendemmo vino e gelati con gli altri in un bel giardino con molta gente. La musica era eccellente, i fiori e i cespugli belli da vedere, la scena vivace, la gente gentile e cortese, le signore avevano una certa peluria sul viso, erano ben vestite, ma molto affabili.
Ci fermammo in un caffè e giocammo a biliardo per un'ora. Feci sei o sette punti mettendo in buca la palla del dottore e lo stesso fece lui. Più volte fummo sul punto di fare caram-

bola, ma non del tipo che volevamo. Il tavolo era di quelli che in genere si trovano in Europa, sponde flosce e alte il doppio della palla, le stecche malridotte. Quelli del luogo ci giocano solo una specie di partita a buca. Non abbiamo visto nessuno giocare alla francese e penso che anche in Francia nessuno conosca tale gioco, o che esista individuo così matto da cercare di farlo in uno di questi tavoli europei. Alla fine dovemmo smettere di giocare perché Dan si era addormentato un quarto d'ora fra un conto e l'altro, senza fare attenzione ai punti segnati. Più tardi passeggiammo per un po' avanti e indietro, in una delle strade più frequentate, godendo dell'agio della gente e sperando di poterne esportare un po' nei nostri mercati irrequieti, veloci, capaci di assorbire ogni vitalità. Proprio in questo consiste il vero incanto della vita europea: nell'agio. In America siamo sempre di fretta, che è un bene, ma quando la giornata di lavoro è finita, continuiamo a pensare ai guadagni e alle perdite, facciamo i programmi per il giorno suc-

critique de la vie américaine

cessivo, ci portiamo perfino a letto il pensiero degli affari, e ci giriamo e rigiriamo preoccupati, quando invece dovremmo ristorare col sonno il nostro corpo e la nostra mente tormentati. In questa eccitazione bruciamo le nostre energie e o si muore giovani, o si scivola in una misera e smunta vecchiaia, in un momento della vita che in Europa è definito «primavera». Quando un acro di terra ha prodotto bene e a lungo, lasciamolo riposare per una stagione. Non portiamo in giro l'uomo per il continente con la stessa carrozza con cui è partito. La carrozza è stata messa al riparo da qualche parte in pianura, e il suo congegno surriscaldato ha dovuto essere raffreddato per vari giorni. Quando un rasoio ha svolto un lungo servizio e non riesce a mantenere il filo, il barbiere lo mette da parte per qualche settimana, e il taglio ritorna. Prodighiamo grandi cure ad oggetti inanimati, ma nessuna a noi stessi. Chc gente robusta saremmo, che nazione di pensatori potremmo essere, se di tanto in tanto ci riposassimo per recuperare il filo.

Invidio questi europei per le comodità che si prendono. Una volta che la giornata di lavoro è finita, se la dimenticano. Alcuni vanno con moglie e figli in qualche locale, si siedono tranquilli a bere un boccale o due di birra, ascoltando la musica; altri passeggiano per strada, altri ancora vanno in carrozza lungo i viali; ci sono quelli che si riuniscono nelle grandi piazze sul far della sera, per godere della vista e della fragranza dei fiori e per ascoltare le bande militari – non c'è città europea che non abbia la sua bella banda militare che suona alla sera – e ancora ci sono quelli del popolo che si siedono all'aria aperta, di fronte ai caffè, mangiano gelati e bevono bevande leggere, che non farebbero male ad un bambino. Vanno a letto abbastanza presto e dormono della grossa. Sono sempre tranquilli, ordinati, allegri, comodi, e amanti della vita in tutte le sue multiformi manifestazioni. Non si vede mai un ubriaco fra loro. Il cambiamento che si è prodotto nella nostra piccola comitiva è sorprendente. Un giorno dopo l'altro perdiamo un po' della nostra irrequietudine e assorbiamo un po' di quel senso di agio e di tranquillità che si trova nell'atmosfera intorno a noi e nell'attitudine delle persone. Cominciamo a diventare saggi e a capire per cosa sia fatta la vita.

Facemmo un bagno a Milano, in un bagno pubblico. Ci volevano infilare tutti e tre in un'unica tinozza, ma noi protestammo. Ognuno di noi aveva un'intera fattoria italiana sulla schiena. Se qualcuno avesse fatto l'inventario e recintato i nostri possedimenti, ci saremmo sentiti ricchi. Scegliemmo quindi tre tinozze molto grandi, adatte alla dignità di aristocratici che avevano grandi beni e che se li portavano dietro. Dopo esserci spogliati ed aver superato la prima gelida immersione, scoprimmo l'atrocità che ci perseguitava e ci aveva amareggiato la vita in città e villaggi francesi ed italiani: non c'era sapone. Chiamai. Rispose una donna ed ebbi appena il tempo di gettarmi contro la porta prima che entrasse, era questione di un secondo. Dissi: «Attenta, donna! Vattene di qui, vattene, ora, altrimenti sarà peggio per te. Sono un

maschio privo di protezione, ma preserverò il mio onore a costo della vita!». Queste parole devono averla spaventata, perché se ne andò via in gran fretta.
Nell'aria si levò la voce di Dan:
«Oh, portate del sapone. Muovetevi!».
La risposta fu in italiano. Dan riprese:
«Sapone, avete capito? Sapone. Ecco quello che voglio: sapone. Sa-po-ne; sapone, saapoonee, sapone! Sbrigatevi! Non ho idea di come voi irlandesi lo pronunciate, ma lo voglio. Pronunciatelo come vi pare, ma portatelo. Mi sto congelando».
Udii il dottore dire solenne:
«Dan, quante volte ti abbiamo detto che questi stranieri non capiscono l'inglese? Perché non vuoi fidarti di noi? Perché non dici a noi quello che ti serve, e ce lo fai chiedere nella lingua del posto? Potremmo evitare l'umiliazione che ci procura la tua colpevole ignoranza. Mi rivolgerò a questa persona nella sua lingua madre: «Here, *cospetto! Corpo di Bacco! Sacramento! Solferino!* Sapone, *figlio di pistola*! Dan, se lasciassi chiedere a noi, non

metteresti in mostra la tua ignorante volgarità!».
Nemmeno questa abbondante scarica di lingua italiana ci portò subito il sapone, ma c'era una buona ragione. Nel locale questo articolo non c'era affatto. Credo che non ci fosse mai stato. Dovettero mandare a prenderlo in città e girare in parecchi posti prima di trovarlo, così ci dissero. Dovemmo attendere venti o trenta minuti. La stessa cosa era accaduta la sera prima all'albergo. Alla fine credo di aver indovinato la ragione. Gli inglesi sanno come si viaggia confortevolmente, per cui si portano il sapone, altri forestieri non lo usano.
In tutti gli alberghi in cui facciamo sosta, dobbiamo mandare a cercare il sapone, all'ultimo momento, quando ci stiamo preparando per la cena, e loro ce lo mettono in conto con le candele ad altre sciocchezze. [...] Qui a Milano, in un'antica chiesa in rovina, ci sono i pietosi resti del più celebre dipinto del mondo, l'*Ultima Cena* di Leonardo da Vinci. Noi non siamo giudici infallibili in fatto di pittura, ma

Il Cenacolo

ci recammo ugualmente a vedere questo meraviglioso dipinto, un tempo così bello, sempre idolatrato dai maestri dell'arte e destinato alla fama eterna nella storia. Per prima cosa ci rifilarono un foglietto ancora fresco del peggior inglese. Leggine un pezzo. «Bartolomeo (cioè la prima figura dalla parte della mano sinistra di chi guarda) incerto e dubbioso su ciò che pensa di avere udito, e su cui vuole essere rassicurato da lui stesso su Cristo e da nessun altro...».

Ben fatto, vero? E poi Pietro è descritto «nell'atto di discorrere con Giuda Iscariota in condizioni irate e minacciose».

La frase richiama lo stato dell'affresco. L'*Ultima Cena* è dipinta sulla rovinata parete di quella che doveva essere una piccola cappella, unita un tempo alla chiesa principale. È rovinata e scalcinata da ogni parte, è macchiata e scolorita dal tempo, e i cavalli di Napoleone hanno scalciato gran parte delle gambe dei discepoli allorché costoro (i cavalli, non i discepoli) furono acquartierati qui più di mezzo secolo fa.

In un attimo riconobbi l'antico dipinto e il Signore con la testa reclinata seduto al centro di una lunga, rustica tavola sulla quale sono sparsi frutta e piatti, con sei discepoli dalle lunghe vesti dall'uno e dall'altro lato, intenti a conversare tra loro. È il dipinto dal quale vengono tratte copie e incisioni da tre secoli. Probabilmente nessuno ha mai conosciuto un altro tentativo di dipingere l'ultima cena del Signore in modo differente. Il mondo sembra avere da tempo la ferma convinzione che non sia possibile, per il genio umano, superare la creazione di Leonardo da Vinci. Credo che i pittori continueranno a copiarlo, finché qualcosa dell'originale resterà visibile all'occhio. Nella sala c'erano una dozzina di cavalletti e altrettanti artisti intenti a trasferire il dipinto sulle loro tele. Tutt'intorno c'erano una cinquantina di prove di stampa di incisioni e di litografie. E, come sempre, non posso fare a meno di osservare come le copie fossero superiori all'originale, o almeno tali sembrarono al mio occhio inesperto: dovunque si trovano opere di Raffaello, Rubens, Michelangelo, dei Caracci, o un da Vinci (le vediamo tutti i giorni), non mancano artisti che li copiano, e le copie sono sempre più belle degli originali. Forse gli originali erano belli da nuovi, ma ora non lo sono più.

L'affresco è lungo una trentina di piedi, e alto dieci o dodici, credo, e le figure sono almeno a grandezza naturale, è una delle pitture più grandi d'Europa.

I colori sono sbiaditi dal tempo, i volti sono rovinati e squamati e hanno perso quasi ogni espressione. I capelli sono diventati una macchia inerte sul muro e gli occhi non hanno più vita. Solo gli atteggiamenti sono identificabili.

La gente viene qui da ogni parte del mondo ed esalta questo capolavoro. Stanno in piedi incantati, con il fiato sospeso, a bocca aperta, e quando parlano, si tratta soltanto di esclamazioni di meraviglia:

«Oh, meraviglioso!».

«Quale espressione!».

«Che grazia di atteggiamento!».

«Che dignità!».

«Che disegno impeccabile!».

«Che colori impareggiabili!».
«Quali sentimenti!».
«Che tocco delicato!».
«Che concezione sublime!».
«Una visione! Una visione!».

Invidio questa gente, ne invidio l'onesta ammirazione, se onesta è, e il piacere, se piacere provano. Non serbo rancore per loro. Ma allo stesso tempo non posso fare a meno di pensare: come fanno a vedere ciò che non si vede? Cosa pensereste di un tizio che, guardando una vecchia prostituta, cieca, sdentata, sfigurata dal vaiolo, dicesse: «Che bellezza impareggiabile! Che anima! Che espressione!». O di un altro che di fronte ad un tramonto nebbioso dicesse: «Sublime, che ricchezza di colori!», o di un altro ancora che, guardando in estasi una distesa di alberi abbattuti, dicesse: «Oh cuore mio, che nobile foresta!».

Pensereste che costoro hanno il sorprendente talento di vedere cose che non ci sono. Questo è ciò che pensai davanti all'*Ultima Cena*, e udii gente che esaltava qualità, bellezze e perfezioni scomparse cent'anni prima che loro fossero nati. Possiamo immaginare la bellezza in un volto ora anziano, possiamo immaginare il bosco dove vediamo i tronchi tagliati, ma non possiamo vedere queste cose se non ci sono. Sono sicuro che l'occhio dell'artista esperto può soffermarsi sull'*Ultima Cena* e rinnovarne la gloria, quando ne è rimasta solo una piccola parte, fornire un colore scomparso, ricostruire un'espressione dissolta, rattoppare, colorare e aggiungere alla tela, fino a quando i personaggi stiano di fronte a lui ardenti di vita, di sentimenti, di freschezza, con tutta la nobile bellezza che possedevano un tempo, quando furono dipinti dal maestro. Ma io non posso compiere un tale miracolo. E gli altri visitatori privi di ispirazione ci riescono, o immaginano soltanto di riuscirci?

Dopo averne letto tanto, sono certo che l'*Ultima Cena* sia stata un tempo un capolavoro. Ma è successo trecento anni fa. [...]

Prendemmo una carrozza aperta e ci recammo a due miglia da Milano per «see ze echo»,

come disse la guida. La strada era liscia, fiancheggiata da alberi, campi e ricchi pascoli, l'aria profumava di fiori. Gruppi di pittoresche contadine che tornavano dal lavoro, si misero a gridare, a fischiare verso di noi, a scherzare, facendomi divertire tantissimo. Mi confermarono nella vecchia convinzione che le contadine sporche, romantiche e sciatte di cui parlano i poeti, sono un grande imbroglio.
L'incontro ci rallegrò. Fu un vero sollievo rispetto alle solite vedute.
Non ce la prendemmo troppo per l'eco stupefacente di cui aveva tanto parlato la guida. Cominciavamo ad abituarci all'enfasi con cui venivano presentate meraviglie che poi non si rivelavano tali.
Giungemmo ad un vecchio nido di corvi diroccato, chiamato Palazzo Simonetti, una massiccia costruzione di pietra mal tagliata, dove abitava una cenciosa famiglia italiana. Una bella ragazza ci condusse ad una finestra del secondo piano che dava su un cortile delimitato su tre lati da alti edifici. Si affacciò e gridò. L'eco rispose più volte di quante riu-

scissimo a contarne. Poi prese un megafono ed emise un solo, rapido, secco «Ah!».
L'eco rispose «Ah! Ah! Ah! Ah! Ah! Ah! Ah! Ah! Ahahahaha!». E alla fine svanì in una gioconda risata. Era così gioconda, così prolungata, così assolutamente cordiale che fummo costretti tutti quanti ad unirci. Non c'era modo di resistere.
Poi la ragazza prese una pistola e sparò un colpo. Fummo pronti a contare l'incredibile sequenza di echi. Non riuscimmo a dire sufficientemente alla svelta uno, due, tre, ma segnammo sul taccuino una serie di punti che si trasformarono in un referto stenografico dell'accaduto. Io non riuscii a tener dietro, ma feci del mio meglio. [...] È probabile che si tratti della più singolare eco del mondo. Il dottore, per scherzo, si offrì di baciare la ragazza, e fu colto alla sprovvista quando lei gli disse che avrebbe potuto farlo per un franco! La più elementare cortesia lo obbligò ad accettare l'offerta, così pagò il franco ed ebbe il bacio. La ragazza era una filosofa. Disse che un franco era una buona cosa e che non le

importava nulla di un misero bacio, poiché ne aveva ancora un milione a disposizione. Poi il nostro compagno, un astuto uomo d'affari, si offrì di acquistarli in blocco, ma il suo piano fallì.

Oscar Wilde

[1875]

Giovedì e venerdì 24 e 25 giugno 1875

A Lady Wilde.
Giunti a Milano sotto il diluvio; andati a teatro in serata e vedere un buon balletto. Questa mattina la Cattedrale. Fuori enormemente elaborata con guglie e statue terribilmente sproporzionate rispetto al resto della costruzione. All'interno molto imponente con la sua grande mole e i pilastri giganti che sostengono il tetto; alcune vetrate istoriate, belle e antiche, e molte orribili finestre moderne. Questi moderni non capiscono che l'uso di una vetrata serve a mostrare una piacevole mescolanza di colori; una bella finestra antica ha la ricchezza di disegno di un tappeto turco. Le immagini sono piuttosto subordinate e servono a mostrare solo il senti-

mento del disegnatore. La moderna finestra tipo affresco deve, *sua natura*, competere coi dipinti e naturalmente appare teatrale e mostruosa.

La Cattedrale è un terribile fiasco. Fuori il disegno è assurdo e scarsamente artistico. I dettagli super elaborati si stagliano in alto dove nessuno riesce a vederli; tutto è volgare in essa; tuttavia è un fiasco imponente e gigantesco, per la sua mole ed esecuzione elaborata.

Ieri (giovedì) siamo andati alla Biblioteca Ambrosiana dove abbiamo visto alcuni eccezionali manoscritti, due palinsesti molto belli e una bibbia con glosse irlandesi del sesto o settimo secolo, che è stata messa insieme da Todd, Whitley Stokes e altri; una buona collezione di dipinti inoltre, in particolare un insieme di disegni e schizzi di Raffaello, molto più interessanti dei suoi dipinti, dei bei lavori di Holbein e Albrecht Dürer.

Poi verso la galleria d'arte. Alcuni buoni dipinti di Correggio e Perugino, la gemma dell'intera collezione è un'incantevole Madonna di Bernardino in piedi fra le rose che Mor-

ris e Rossetti adorerebbero; ne abbiamo vista un'altra, sempre sua, alla biblioteca su uno sfondo di gigli.
Milano è una seconda Parigi. Meravigliosi porticati e gallerie; tutta la città è di pietra bianca e dorata. Cena eccellente da Biffi, con un ottimo vino di Asti, come un buon sidro o dello champagne. In serata ci siamo recati a vedere una nuova opera, *Dolores*, di un giovane maestro di nome Autieri; una buona imitazione di Bellini in alcune parti, con alcuni graziosi rondò, ma il carattere generale era un gridare privo di armonia. Comunque, il delirante entusiasmo della gente non aveva limiti. Ogni cinque minuti era un terribile furore e gridare di *brava* da ogni parte del teatro, seguito da un delirante slancio di tutti gli attori per il compositore, che era appostato a lato della scena pronto a precipitarsi fuori al minimo segno di approvazione, una creatura dall'aria debole, che piazzava la sua sudicia mano su una camicia sporca per mostrare la sua emozione, si lanciò al collo della prima donna in estasi e mandò baci a tut-

ti noi. Uscì sul palcoscenico non meno di diciannove volte e alla fine furono portate fuori tre corone, una delle quali, di alloro verde con uno nastro dello stesso colore, gli fu messa sul capo e, poiché la sua testa era molto stretta, restò appoggiata in parte sul naso spigoloso, e in parte sul colletto della camicia sporca. Non mi è mai capitato di vedere una scena tanto assurda. L'opera, eccezion fatta per due passaggi, è totalmente priva di merito. Era presente la principessa Margherita, di modi nobili e molto pallida.
Ti scrivo di tutto ciò da Arona, sul Lago Maggiore, un bel posto. Ho lasciato a Milano Mahaffy e il giovane Goulding che proseguiranno per Genova. Poiché non avevo più soldi sono stato obbligato ad abbandonarli e mi sento molto solo. Abbiamo fatto un bellissimo viaggio.
Stanotte a mezzanotte la diligenza parte. Attraverseremo il passo del Sempione fino a Losanna; diciotto ore in diligenza. Domani notte (sabato) raggiungerò Losanna.

Il tuo Oscar

Henry James
[1877]

Milano ci parla di un fardello di vita vissuta di cui Torino è scevra, ma nel suo aspetto generale ancora indugia un nordico riserbo che la rende forse l'ultima delle capitali prosaiche, piuttosto che la prima delle poetiche. La lunga dominazione austriaca probabilmente ha contribuito a germanizzarne la fisionomia; si tratta tuttavia di una spiegazione poco rilevante, quando si ricordi quanto bene l'Italia conserva il suo temperamento a Venezia. In ogni caso Milano, benché non colma di slancio estetico, ci apre con franchezza lo spesso volume del suo passato. Di quel volume la Cattedrale è la pagina più bella e intensa, una struttura non eccezionalmente interessante, illogica e nemmeno, per alcuni, maestosamente bella, ma grandiosamente curiosa e superbamente ricca. Per quanto mi riguarda spero di non dover scendere troppo nei particolari per ammirarla. Se non avesse altri tratti peculiari, avrebbe comunque quello di un'impresa imponente e incommensurabile. Mentre una sera gironzolavo intorno al suo perimetro vasto e frastagliato, la sentivo, sopra di me, innalzare i suoi grigi misteri nella luce delle stelle, mentre l'incessante marea umana su cui ondeggiavo si alzava appena oltre i primi strati marmorei della pavimentazione stradale, fui tentato di credere che la bellezza, nella grande architettura, è quasi un merito secondario, e che il punto fondamentale è la massa, una massa che rappresenta la massima incarnazione di uno sforzo pieno di vigore. Visto sotto questa luce, un grande edificio è la massima opera d'arte che si possa concepire. Più di ogni altra cosa rappresenta il dominio sulle difficoltà, l'armonia delle risorse, la fatica, il coraggio e la pazienza. E ci sono persone che affermano che l'arte non ha nulla a che fare con la moralità! Abbastanza poco senza dubbio, anzi veramente poco per quanto la riguarda, nelle pitture della volta che rappresentano opere di pietra scolpita. Tutti hanno udito parlare di questa famosa volta, di quanto è bella, di quanto è brutta, di quale perfetta delusione sia, quale trasparente artificio. È la prima cosa che vi mostra il cicerone entrando nella chiesa. Penso che l'amatore d'arte occasionale e di bocca buona possa accettarla con filosofia; l'interno infatti, benché di grande effetto nell'insieme, non ha grande sublimità, nemmeno purezza di toni. È meravigliosamente vasta e buia; le lampade dell'altare luccicano in lontananza, attraverso l'aria resa densa dall'incenso, come fari nel mare, e le grandi colonne si ergono dritte verso la volta, che a stento si curva ad incontrarle, con la grandezza e l'altezza delle querce centenarie; ma c'è poca raffinatezza di disegno, poche di quelle felici proporzioni su cui l'occhio indugia quando le trova, proprio come la memoria trattiene e ripete alcuni felici versi poetici, o una qualche frase musicale che rimane in mente. Tuttavia il risultato prodotto è costantemente coraggioso, al pari dell'esposizione di cui godetti in privato, delle reliquie di San Carlo Borromeo. Questo sant'uomo giace nel suo riposo eterno in una piccola e suntuosa cappella funebre, sotto l'infinita pavimentazione e davanti all'altare; per la modica cifra di cinque franchi la sua raggrinzita moralità può esservi svelata e potete osservarla con tutto l'agio che vi occorre. La Chiesa cattolica non rinuncia mai alla possibilità del sublime per paura di cadere nel ridicolo, specialmente quando il sublime si concretizza nell'eccellente occasione di ottenere cinque franchi. Lo spettacolo in questione, di cui il buon San Carlo è il primo a fare le spese, è certamente impressionante, ma come potrebbe esserlo un evento mostruoso, o una lugubre commedia. Il piccolo sacrestano, dopo essersi assicurato il suo pubblico, ha indossato una tunica bianca sull'abito talare, ha acceso un paio di candele in più e ha proseguito nel togliere una sorta di pannello scorrevole da sopra l'altare, con una manovella, proprio come farebbe di prima mattina un garzone di bottega con la vetrina del padrone. In questo caso si scopre una grande vetrina di cristallo e, per avere un'idea dell'*étalage,* bisogna immaginare che un gioielliere, per motivi personali, abbia stretto un'anomala amicizia con un impresario di pompe funebri. Il corpo nero e mummificato del santo è adagiato nella bara di cristallo, abbigliato coi paramenti canonici, mitra, croce e guanti, sfavillanti di gioielli votivi. È una straordinaria mescolanza di vita e morte; il corpo disseccato, i brandelli divenuti cenere, la piccola spaventosa maschera nera e il teschio, e il vivace, acceso scintillio di diamanti, smeraldi e zaffiri. Il corredo è davvero bello e molti nomi famosi della storia sono legati alle diverse offerte. Qualunque sia l'opinione sul futuro della chiesa, non posso fare a meno di pensare che essa esisterà al mondo finché potrà possedere questo abbondante fondo di «proprietà» preziose, questo prodigioso capitale investito in decorazioni, scintillante attraverso il mondo cristiano in luoghi efficacemente disseminati. Vedete che dopo tutto sono costretto ad ammettere che, nonostante il pannello scorrevole e la profana spavalderia del sacrestano, una certa maestà pastorale ha salvato la situazione, o comunque ha lasciato l'ironia a bocca aperta. Tuttavia fu per un naturale desiderio di aria pura che intrapresi l'interminabile ascesa verso il tetto della Cattedrale. Qui c'è un altro mondo di meraviglie che certamente gode della fama che merita, ogni pollice quadrato del muro, lungo la scala a chiocciola, è firmato da un viaggiatore. Un grande splendore proviene dalla distesa inclinata di lastre marmoree, caotici pinnacoli sormontati da statue, pungono l'impalpabile blu (come alberi di una flotta, o lance di un esercito) e soprattutto c'è la più bella vista della pianeggiante Lombardia, addormentata nella sua ricca luce transalpina e simile, con le sue dimore bianche e le guglie all'orizzonte, ad un vasto mare punteggiato di navi. Dopo due mesi di Svizzera la pianura lombarda è un ricco riposo per la vista, e la luce gialla, liquida, che fluisce libera (quasi che i vasi celesti si fossero spalancati prediligendo l'Italia), aveva per me un fascino tale da farmi pensare alle grandi e scure montagne come ad un'invasione blasfema degli spazi atmosferici.

Per prima cosa ho menzionato la Cattedrale, ma il principale tesoro a Milano in questo momento è il bellissimo, tragico Leonardo. La Cattedrale sopravviverà per un altro migliaio di anni, ma ci chiediamo se i nostri figli troveranno del più maestoso e sfortunato degli affreschi, qualcosa di più dell'ombra di un'ombra. La sua fama è stata per uno o due secoli quella, per così dire, di un invalido illustre che la gente visita per vedere quanto tirerà avanti, con sospiri di commiato e camminando in punta di piedi, quasi come al capezzale di un malato. Il dipinto non necessita ora di altri sfregi o macchie, per essere il capolavoro più triste al mondo; eppure malconcio, sfigurato e rovinato com'è, rimane uno dei più grandi. Potremmo davvero paragonare la sua angoscia della decadenza, al lento, cosciente declino della vita in un organismo umano. La produzione del prodigio è stata un soffio di infinito, e la concezione dell'artista non meno incommensurabilmente complessa dell'organismo che ha la sua stessa natura mortale. Si è fatto un gran parlare ultimamente dell'ironia del fato, ma sospetto che il fato non sia mai stato più ironico di quando ha condotto il più scientifico e calcolatore di tutti i pittori a trascorrere quindici lunghi anni a costruire la sua bella dimora sulla sabbia. Eppure, dopo tutto, non potrebbe questo scherzo rappresentare una profonda saggezza, poiché se il lavoro godesse della salute immortale e dello splendore di un Tiziano di prim'ordine, avremmo perso una delle lezioni più efficaci della storia dell'arte. Lo sappiamo per sentito dire, ma qui c'è la chiara prova che non c'è limite alla quantità di «stoffa» che un artista può mettere nel suo lavoro. Ogni pittore dovrebbe, una volta nella vita, mettersi davanti al *Cenacolo* e decifrarne la morale. Mischiate i vostri colori e mettete sulla tavolozza ogni particella dell'essenza più profonda della vostra anima, e questo affinché la «superficie preparatoria» non vi giochi uno scherzo! Allora, e solo allora, l'opera resisterà fino allo stremo, resisterà anche nella morte. Raffaello fu un genio più felice; guardate il suo incantevole *Matrimonio della Vergine* a Brera, bello come un primo, profondo sorriso di consapevole ispirazione, per capire che egli non aveva prefigurato nessuna accusa contro il destino, e che aveva conosciuto il mondo che voleva conoscere, e che affascinò, perché non lo tradì mai. Ma non ho spazio per parlare di Brera, né di quel paradiso per topi di biblioteca con un occhio anche per ciò che li circonda (se persone di questo tipo esistono): la Biblioteca Ambrosiana; né ho parlato della possente Basilica di Sant'Ambrogio, con il suo atrio spazioso e i suoi mosaici crudelmente solenni, di fronte ai quali sarà certamente colpa vostra se non riuscirete a dimenticare il dottor Strass e Renan, e a venerarli col tenebroso sentimento di un cristiano del IX secolo.

Edith Wharton

[1905]

È difficile dire se la classica frase del classico turista: «C'è proprio poco da vedere a Milano», contribuisca di più a mettere in ridicolo chi la pronuncia, o a rendere onore alla gloria dell'Italia. Che un tale giudizio possa essere espresso anche dal meno erudito dei viaggiatori, implica una quantità di impressioni che nessun altro paese riesce a procurare. Infatti Milano può sembrare poco interessante in confronto ad altre città italiane solo ad un'osservazione affrettata. Paragonata a queste ultime, soffre il confronto unicamente ad una valutazione superficiale, perché è ricca di tutti gli elementi di arte indigena che si contrappongono allo pseudogotico, alle guglie e ai pinnacoli d'oltralpe, che invece Ruskin insegnò ad una generazione di critici d'arte sottomessi a considerare come tipica

espressione dello spirito italiano. Le guide, da tempo abituate a ricavare il loro estratto Liebig d'arte dalle pagine di questa scuola di critici, hanno mantenuto viva la tradizione di soffermarsi solo sui monumenti che si conformano agli ideali di perpendicolarità, facendo umili allusioni alla «monotonia» e alla «uniformità» di Milano, come se si sforzassero in anticipo di consolare il viaggiatore perché la città non assomiglia a Firenze o a Siena!
Eppure, ci si potrebbe chiedere se Milano, pur apparendo più interessante ad un giudizio emancipato, appaia anche più pittoresca. Dopo tutto il pellegrino che viene in Italia cerca in primo luogo il pittoresco, e l'attuale concetto di pittoresco è puramente germanico, lo si riconosce nelle guglie gotiche, nelle cupole a spargipepe e nei borghi settentrionali arroccati su ripide alture. L'Italia offre ben poco, e ancor meno Milano, per soddisfare tali aspettative. L'ideale latino richiedeva spazio, ordine e nobiltà di composizione. Ne risulta quindi che il pittoresco è incompatibile con tutto ciò? Prendiamo uno degli schiz-

zi di Piranesi: quelle strane composizioni in cui l'artista tentava di catturare lo spirito della città, o di un quartiere, con la mescolanza dei loro tratti più caratteristici. Anche l'ideale nordico di pittoresco deve essere soddisfatto dalla sobria primitività di questi studi: qui un acquedotto in rovina che proietta la sua ombra su un appezzamento di terreno solitario, ricoperto d'acanto, là il colonnato di un palazzo attraverso cui la luce della luna è sfiorata dal vento invernale, o i recessi di imponenti terme romane, dove figure ammantate si raccolgono in oscuri complotti.
Seppur in misura inferiore, gli studi in bianco e nero di Canaletto danno la stessa impressione di grottesco e fantastico, il lato segreto di quel *barocchismo* lungamente considerato come il sorriso affettato di un'epoca convenzionale.
Ma c'è un pittoresco ancor più tipicamente italiano, gaio piuttosto che tetro nelle sue suggestioni, fatto di luci invece che di ombre, di colori più che di tratti: è il pittoresco di Milano. La città abbonda di effetti intensi,

di suggestive contrapposizioni di secoli e stili diversi – in tutti quei contrasti e sorprese fortuiti che indugiano nella mente, dopo che le «immagini» catalogate svaniscono. Lasciandosi alle spalle le grandi strade moderne, che hanno il vantaggio di essere state modernizzate sotto Eugène Beauharnais, piuttosto che sotto re Umberto, si entra di colpo in qualche stradina laterale, sovrastata dalle finestre in ferro battuto di un palazzo del diciassettesimo secolo, o dall'abside in terracotta di una chiesa del Cinquecento. Ovunque, le forme dell'espressione artistica sono squisitamente italiane, con qualche traccia minima di quell'elemento gotico che caratterizza le antiche città libere dell'Italia centrale. La rocca sforzesca (il vecchio Castello degli Sforza) e le case intorno alla piazza dei Mercanti sono gli edifici secolari che più degli altri ricordano l'appuntita architettura del Nord e le chiese più antiche sono così antiche da essere antecedenti alle influenze gotiche, e ci riportano al tipo di basilica con gli archi tondi.

Ma quale straordinaria varietà offrono le strade milanesi! Qui, per esempio, c'è il colonnato corinzio di San Lorenzo, l'unico considerevole frammento dell'antica Mediolanum; la sua ultima colonna termina a ridosso di un arco gotico, al quale si stringe un altare ricoperto di fiori. Lì vicino si trova la chiesa ottagonale di San Lorenzo, mentre a pochi minuti di carrozza si giunge dove Palazzo Borromeo guarda, attraverso una tranquilla piazza erbosa, alla facciata rococò dell'antica chiesa di famiglia, fiancheggiata da una bella statua di bronzo del grande santo e cardinale.
Palazzo Borromeo è in sé un notevole elemento del pittoresco di Milano. L'ingresso conduce ad un cortile racchiuso in un porticato a ogiva, sormontato da finestre pure a sesto acuto, con formelle di terracotta. Le mura del cortile sono ancora affrescate con la corona dei Borromeo e l'*Humilitas* dell'altera stirpe; una porta conduce in un archivio notarile, dove sono ancora conservati i documenti della casa e dove, sulle umide mura di pietra, Michelino da Milano dipinse scene di

villeggiatura del quindicesimo secolo. Qui le nobildonne della casa, con alti turbanti a cono e meravigliose vesti bordate di pelliccia, possono essere ammirate mentre eseguono passi di una danza medievale, con giovani cavalieri in calzoni bicolore, o mentre si dilettano in vari giochi: il *jeu de tarots*, e una specie di cricket giocato con una lunga mazza di legno; sullo sfondo si stagliano le montagne intorno al Lago Maggiore, il profilo appuntito dell'Isola Bella e una nuda roccia priva di giardini e costruzioni. Questi affreschi, le sole opere esistenti di un artista lombardo poco conosciuto, sono suggestivi, alla maniera asciutta e vigorosa di Pisanello e, poiché raffigurano la vita privata della nobiltà italiana del quindicesimo secolo, sono secondi solo alle notevoli tele degli Schifanoia a Ferrara.

Non lontano da Palazzo Borromeo, un altro ingresso conduce a una scena diversa: il grande chiostro dell'Ospedale Maggiore, uno dei più maestosi monumenti che l'uomo abbia mai eretto ai suoi simili. Gli antichi ospedali italiani erano famosi non solo per la loro bellezza architettonica e per le grandi dimensioni, ma anche per la pulizia, l'ordine e le cure illuminate che i malati vi ricevevano. I viaggiatori del nord hanno testimoniato la loro stupita ammirazione per questi lazzaretti che sembravano maestosi palazzi, in confronto ai miseri rifugi per appestati d'oltralpe. Chissà quale stupore dovettero provare quei viaggiatori, tedeschi o inglesi, varcando il cortile principale dell'ospedale milanese, racchiuso nel vasto chiostro arricchito di trafori e medaglioni di terracotta, e sormontato dagli archi di un loggiato, da cui i pazienti potevano contemplare la tranquilla distesa di erba e fiori! Persino ora ci si domanda se questa poetizzazione della filantropia, questo rivestire la carità con il garbo della bellezza, non possedesse virtù terapeutiche: se la bruttezza degli ospedali moderni non li renda antigienici, come i più gradevoli edifici di cui hanno preso il posto. Almeno consola pensare ai poveri malati che si scaldavano al sole nella bella loggia dell'Ospedale Maggiore, o si sedevano sotto le magnolie del giardino, mentre le infermiere in uniforme blu e velo nero passavano silenziosamente tra i chiostri richiamate dalla campana della cappella. Ma non c'è bisogno di entrare in un cortile, o varcare una soglia, per apprezzare la varietà e i colori di Milano. Anche le strade sono piene di particolari affascinanti: portali del Quattrocento decorati con medaglioni che raffigurano gli irsuti Sforza con cappelli tondi e tuniche a pieghe; finestre incorniciate da ghirlande di frutti e fiori in terracotta, balconi in ferro battuto che fanno mostra dei loro elaborati arabeschi dalle facciate in stucco delle case; imponenti ingressi sostenuti da Atlanti, come quello della casa di Pompeo Leoni (la *Casa degli Omenoni*) e del seminario dei gesuiti; o le chiese rococò giallo brune con le piramidi, i frontoni spezzati, i voli di angeli e i vasi pieni di rami di palma in ferro battuto. È in estate che queste strade sono al massimo del loro splendore. Allora gli antichi giardini affacciati sul Naviglio – il canale che attraversa Milano donandole qualcosa di Venezia – rispecchiano nelle sue acque le loro logge di marmo ricoperte di vite e la loro disordinata profusione di rose e camelie.

Invece, nelle strade più aristocratiche, gli ingressi dei palazzi offrono vedute di doppi e tripli cortili, composti di arcate ricoperte di rampicanti che racchiudono piccole aiuole in penombra e terminano, magari, con una fontana posta con notevole gusto architettonico contro il muro interno dell'edificio. In estate poi, i vicoli bui dei quartieri più poveri della città sono ravvivati da bancarelle di frutta coperte di foglie e piene di meloni, fichi e pesche, che avrebbero fatto impazzire l'esuberante pennello di un pittore fiammingo. E ancora, girando l'angolo, ci si imbatte in una chiesetta che sta celebrando il santo patrono con sfoggio di corone e stendardi rossi, mentre la vicina *bottega* è decorata con altre ghirlande e allegri mazzolini di fiori, fra cui pendono candele votive dipinte e altri piccoli oggetti pensati per attrarre le monetine dei fedeli.

Tuttavia Milano non dipende dalle stagioni per questa magia di luce e colori di mezza estate. Per i giorni bui la città conserva la sua scorta di calore e luminosità nascosta dietro le mura dei palazzi, e nella fredda penombra di chiese e chiostri. L'estate con tutto il suo vibrante calore è stata catturata da Tiepolo nel grande soffitto di Palazzo Clerici: quella giostra di dei, semidei e mortali di tutti i paesi e le razze che avanzano, le mani allacciate, nei rosei vapori dell'alba. Né si sente il bisogno di più nobili armonie di colore. Sulle mura di San Maurizio Maggiore, le vergini martiri di Luini si muovono nell'autentico bagliore della leggenda: quella luce esitante in cui il fantastico diventa probabile e i confini tra realtà e visione vengono meno. Mentre un altro genere di sfumature, altrettanto tenero e armonioso, fluttua nella penombra della sacrestia di Santa Maria delle Grazie, una stanza buia, rivestita di pannelli intarsiati, con le finestre protette da grate e velate dalle foglie di vite.

A Milano, però, nulla si avvicina per bellezza alla combinazione di colori della Cappella Portinari, dietro al coro di Sant'Eustorgio.

In Italia non esiste niente di paragonabile a questo capolavoro della collaborazione fra architetto e pittore. A Ravenna, la tomba di Galla Placidia e l'abside di San Vitale risplendono di colori più ricchi, e la chiesa inferiore ad Assisi è ineguagliata per il cangiante mistero dei suoi chiaroscuri, ma per purezza di luce, per gamma di tinte iridescenti, che cosa può paragonarsi alla Cappella Portinari? La caratteristica che più colpisce è l'armonia di forme e colori che permette al progetto architettonico di Michelozzo di fondersi con i preziosi affreschi di Vincenzo Foppa, fino a diventarne parte integrante. Tale armonia non è il risultato di una dissimulazione volontaria, né di uno degli scherzi in cui si dilettavano i pittori decorativi dell'ultima stagione. Nella Cappella Portinari architettura e pittura sono distinte per esecuzione, la fusione tra loro avviene attraverso l'unità di linee e colori e, ancor più, forse, per l'identità di sentimento che dà all'intera cappella quell'atmosfera di gioia, un'atmosfera che rende difficile ricordare che essa è il mausoleo di un santo martire. E, per prezioso e splendido cha sia, il sarcofago di San Pietro martire non riesce a distogliere l'attenzione dal luogo in cui è collocato. Vi sono moltissimi monumenti medievali come questo in Italia, ma non c'è che una Cappella Portinari. Dalla cupola, con la sua gradazione di rossi tenui e blu, che si sovrappongono uno sull'altro, come le piume sul petto di un piccione, e che termina con un fregio in terracotta raffigurante una danza di angeli, tra grandi campane di frutti e fiori, l'occhio è attirato attraverso impercettibili gradazioni di colore, verso gli affreschi di Foppa, posti nei pennacchi degli archi: santi e angeli iridescenti su uno sfondo di tenui architetture classiche e, da lì, un altro fregio di terracotta con serafini dalle ali rosa scuro, su uno sfondo verde turchese. Questo fregio più basso poggia su pilastri verde chiaro, ornati con *rilievi* in stucco bianco di angeli che suonano le campane. Solo come parte di questa combinazione di colori il sarcofago centrale colpisce davvero: la sfumatura avorio del suo marmo crea il punto centrale del gioco di luci e si sposa con i ricchi colori della veste di Portinari, in un affresco che raffigura il donatore della cappella in ginocchio di fronte al santo patrono. [...] Il lettore che ha seguito questo casuale girovagare per Milano non ha toccato che l'orlo della sua veste. A Brera, alla Biblioteca Ambrosiana, alla galleria Poldi Pezzoli e al Museo archeologico, ora opportunamente alloggiato all'interno del Castello Sforzesco, ci sono tesori secondi solo a quelli di Roma e Firenze. Le guide li indicano, si trovano sui sentieri battuti dei giri turistici, ma è piuttosto negli intervalli tra questi sistematici studi del passato, nelle parentesi del viaggio, che il viaggiatore cattura quegli sguardi più profondi che lo aiutano a comporre l'immagine di ogni città e a preservarne la personalità nella sua mente.

John Addington Symonds

[1910]

Nella chiesa del Monastero Maggiore a Milano, dedicata a San Maurizio, l'architettura lombarda e l'arte dell'affresco possono essere studiate in una rara combinazione. Il monastero stesso, uno dei più antichi di Milano, era un ritiro per suore di clausura devote alla regola di San Benedetto. Potrebbe essere stato fondato nel decimo secolo; ma la sua chiesa è stata ricostruita nei primi due decenni del sedicesimo, tra il 1503 e il 1519, e subito dopo fu decorato con affreschi di Luini e dei suoi allievi. Gian Giacomo Dolcebono, architetto e scultore, chiamato dai suoi colleghi *magistro di taliare pietre*, creò il disegno, al tempo stesso semplice e armonioso, che fu portato a termine quasi senza deviazione alcuna rispetto al progetto. La chiesa è un lungo parallelogramma, diviso in due porzioni dissimili, la prima e più piccola per il pubblico, la seconda per le suore. I muri hanno finestre di forma arrotondata, con pilastri, dieci su ogni lato, quattro delle quali appartengono all'esterno e sei alla parte interna. Il muro divisorio, o setto, si innalza al punto da cui le costolature del tetto spuntano e intorno a tre lati della costruzione, a nord, a est, a sud, corre una galleria ad uso del convento. Gli altari della chiesa esterna ed interna sono messi contro il setto, schiena contro schiena, con certe differenze di struttura che non necessitano di essere descritte. Semplice e austera, San Maurizio deve la sua bellezza architettonica totalmente ed interamente alla purezza della linea e alla perfezione delle proporzioni. C'è un preponderante senso di compostezza in questa costruzione, un senso di spazio, chiaro, leggero, e adatto ai sereni stati d'animo della meditazione, che è singolarmente in disaccordo col misticismo religioso e la grandezza fantasiosa di un edificio gotico. La principale bellezza della chiesa, tuttavia, è il suo tono di colore. Ogni centimetro quadrato è coperto di affreschi, o ricchi lavori di legno, ingentiliti dal tempo in quell'armonia di tinte che mischia il lavoro di artisti maggiori e minori in una dorata sfumatura di marrone. Intorno alle arcate della loggia del convento, sfilano delicati arabeschi con i volti di dolci sante – Caterina, Agnese, Lucia, Agata – come pietre preziose o stelle, contemplano dalla loro galleria la chiesa sottostante. Il sorriso luinesco sulle loro labbra e nei loro occhi, tranquillo, delicato, come se gli emblemi del loro martirio non portassero alcun pensiero doloroso a spezzare il Paradiso di riposo in cui dimorano. Sono ventisei in tutto – una comunità di anime prive di macchia, i gigli del giardino dell'amore intorno al trono di Cristo. Santi soldati sono mischiati ad esse, in cerchi più piccoli sopra le finestre, scelti per illustrare le virtù di un ordine che rinunciò al mondo. Decidere quali mani abbiano prodotto questi capolavori di lombarda soavità e grazia, o se sia stata più di una mano, non è facile. Vicino all'altare possiamo forse rintracciare lo stile di Bartolomeo Suardi, in un'Annunciazione dipinta sui pennacchi degli archi – quello stile eroico, ampio e nobile, noto a noi attraverso il cavalleresco San Martino e la glorificata Madonna degli affreschi di Brera. Non è impossibile che i santi della loggia siano suoi, benché un tocco più tenero, qualcosa di quasi leonardesco nella sua pacatezza, debba essere visto in Lucia e nelle sue sorelle. Tutto l'altare in questa chiesa appartiene a Luini. Se non fosse per l'oscurità e lo stato di abbandono, potremmo giudicare questa serie di nove composizioni sulla Passione, con santi, martiri e genii che portano torce, come uno dei suoi sforzi più ambiziosi e riusciti. Ma per quel che si vede, si può giudicare solo in parte. La bellezza adolescenziale di San Sebastiano, l'austera compassione di San Rocco, la classica perfezione del cupido, con la sottile candela, la grazia maestosa delle donne che ci sorridono da sotto le loro ciglia lombarde, questo rimanere ad affascinare la nostra memoria, emergendo dall'oscurità della volta sovrastante. La chiesa interna esclude ogni elemento terreno. Siamo in presenza dell'agonia di Cristo, temperata e addolcita dalla luce dei bei volti femminili. Tutto qui è solenne, immobile come il convento, puro come la meditazione di una novizia. Passiamo il setto e ci troviamo nella parte della chiesa appropriata alla laicità. Sopra l'altare tutto il muro è coperto dai lavori più belli di Luini, in una luce eccellente e in buono stato di conservazione. La spazio è suddiviso in otto compartimenti. Una pietà, un'Assunzione, santi e fondatori della Chiesa si raggruppano sotto l'influenza dell'armonioso colore di Luini, in un'unica sinfonia. Ma il posto di rilievo spetta a due grandi benefattori del convento, Alessandro de' Bentivogli e sua moglie Ippolita Sforza. Quando i Bentivogli furono espulsi da Bologna, ad opera delle forze papali, Alessandro si stabilì a Milano, dove dimorò, onorato dagli Sforza ed alleato ad essi attraverso il matrimonio, fino alla sua morte nel 1532. Fu sepolto nel monastero al fianco di sua sorella Alessandra, una suora dell'ordine. Luini ha ritratto l'illustre esule nelle sue abitudini, quando era in vita.

È inginocchiato, come in perenne adorazione del mistero, con una lunga veste nera bordata di pelliccia. Nella mano sinistra tiene un libro e sulla testa, sopra il volto pallido e sereno, porta una berretta nera. I santi lo assistono, come a testimoniare il suo atto di fede. Dalla parte opposta si inginocchia Ippolita, sua moglie, la brillante regina della moda, l'arguta guida della società, a cui Bandello dedicò la sua novella e che lodò, perché incomparabilmente bella e singolarmente erudita. La sua figura regale è vestita da capo a piedi di broccato, decorato di pizzi d'oro, e sulla fronte porta una piccola corona d'oro. Ha il portamento fiero di una principessa, la bellezza di una donna non più giovanissima, ma solenne, l'indescrivibile dignità che nessuno, oltre a Luini, avrebbe potuto rendere così maestosamente dolce. Nelle sue mani c'è un libro; anche lei, come Alessandro, ha le sue sante protettrici, Agnese, Caterina e Santa Scolastica. Pochi dipinti ci presentano in modo tanto vivido la splendida corte milanese, come questi ritratti dei Bentivogli: inoltre sono molto preziosi per la luce che gettano sui risultati che Luini raggiunse nell'arte secolare, da lui così poco praticata. Per grandi che siano, questi affreschi sono superati, sia per valore che per interesse, dai dipinti della cappella di Santa Caterina. Qui più che in qualsiasi altro posto, a Saronno, o Lugano, sentiamo l'autentica eccellenza di Luini, senza rivali come colorista, il suo potere sul pathos, la raffinatezza del suo sentimento e la peculiare bellezza dei suoi modelli preferiti. La cappella fu decorata a spese del milanese Francesco Besozzi, che morì nel 1529. È lui che si inginocchia, a testa nuda, i capelli grigi, sotto la protezione di Santa Caterina di Alessandria, che guarda intensamente il Cristo slegato dal palo della fustigazione. Dall'altra parte troviamo San Lorenzo e Santo Stefano che indicano il Cristo e ci guardano, come se le loro labbra dicessero: «Guardate e vedrete se esiste altro dolore grande come il suo». Anche i soldati che hanno fatto il loro crudele lavoro sembrano addolciti. Sciolgono le corde con tenerezza, e sostengono il corpo che si accascia, troppo debole per rimanere in piedi. Che tristezza nei bei volti di Santa Caterina e Lorenzo! Che divina sofferenza nelle membra curve del Cristo, che pietà nell'anziano uomo in adorazione. Tutti gli stati d'animo adatti a questa suprema tragedia della fede sono toccati, come nella canzone di un tenore, con accompagnamento di viole; poiché era la specialità di Luini sentire profondamente ed esprimere con musicalità. L'autentica profondità della passione è qui e non c'è dissonanza alcuna.

Così come Luini possiede questa capacità unica di cedere all'armoniosa rappresentazione dei più intensi momenti di statica emozione, allo stesso modo è incapace di trattare soggetti drammatici. Il primo episodio dell'esecuzione di Santa Caterina, in cui la ruota si spezza e il soldato è colpito dal fulmine, è dipinta nella cappella con una mancanza di energia che tradisce l'indifferenza dell'artista verso il soggetto trattato. Molto differente è il secondo episodio, dove Caterina sta per essere decapitata.

Lei, vestita di broccato nero e oro, mostra la curva del collo e la schiena, mentre il petto è coperto, appoggia la testa sulle mani in posizione di preghiera e attende il colpo con dolce rassegnazione. Due soldati stanno a qualche distanza da lei, in un paesaggio di prati e colline, e più in alto si vedono gli angeli che portano il suo corpo verso la tomba sul Monte Sinai. Non trovo le parole, né il coraggio, per descrivere la bellezza di questo dipinto, la sua atmosfera di pace, la dignità di composizione, la dorata ricchezza della coloritura. La situazione più tragica è stata qui di nuovo trasformata in puro idillio dalla magica mano di Luini, senza perdere potere, senza sacrificare l'aspetto edificante. Santa Caterina, in questo incomparabile affresco, è un ritratto, la storia del quale illustra in maniera sorprendente la relazione tra arte e religione da una parte, e tra arte e vita dall'altra, e nel Rinascimento tutto ciò non può essere omesso. Alla fine della sua quarta novella, dopo aver raccontato la storia della contessa di Cellant,

Bandello dice: «E così la povera donna fu decapitata; questa fu la fine dei suoi desideri senza limiti, e chi volesse vederla dipinta, si rechi al Monastero Maggiore, e là ne potrà contemplare il ritratto». La contessa di Cellant era l'unica figlia di un ricco usuraio che viveva a Casale Monferrato. Sua madre era greca ed ella era una fanciulla di tale squisita bellezza che, nonostante le sue basse origini, diventò la moglie del nobile Ermete Visconti, nel suo sedicesimo anno di età. Egli la portò con sé a vivere a Milano, dove frequentava la casa dei Bentivogli, ma nessun'altra. Suo marito raccontò a Bandello che conosceva troppo bene il carattere della moglie, per permetterle di andare in giro con la stessa libertà delle signore milanesi. Alla morte di lui, quando aveva poco più di vent'anni, si ritirò a Casale e condusse una vita brillante, circondata dai suoi amanti. Uno di questi, il conte di Cellant, in Val d'Aosta, divenne il suo secondo marito, conquistato dalla sua straordinaria avvenenza. Tuttavia non andavano d'accordo.

Lei lo abbandonò e si stabilì a Pavia. Ricca del patrimonio paterno, e ancora estremamente seducente, si abbandonò a una vita dissoluta. Tre dei suoi amanti meritano di essere nominati: Ardizzino Valperga, Conte di Masino; Roberto Sanseverino, della casata principesca di Napoli, e Don Pietro di Cardona, un siciliano. Con i primi due litigò, e chiese insistentemente a ciascuno dei due di uccidere l'altro. Ma i due erano amici e mandarono a monte i suoi piani, rivelandoseli a vicenda. Il terzo amante la amava con l'insana passione di un uomo molto giovane. Le promise di fare ciecamente tutto ciò che ella gli avesse chiesto; ella gli ordinò allora di uccidere per lei gli amanti che lo avevano preceduto. In quel periodo viveva a Milano, dove il Duca di Borbone era viceré per conto dell'imperatore. Don Pietro prese venticinque uomini del suo casato e tese un agguato al Conte di Masino, mentre stava tornando da una cena, col fratello e otto o nove servitori, a tarda notte. Sia il fratello che gran parte della servitù fu uccisa, ma Don Pietro fu catturato e rivelò l'atrocità della sua amante. La donna finì in carcere. Incapace di provare la sua innocenza, e impossibilitata a fuggire nonostante le cinquemila corone d'oro con cui sperava di corrompere i carcerieri, fu infine decapitata. Così una volgare e infame Messalina, che si distinse solo per la sua rara bellezza, fornì a Luini una Santa Caterina per il suo capolavoro di arte pia! Sembra una cosa poco credibile. Eppure Bandello viveva a Milano mentre la chiesa di San Maurizio veniva affrescata, ma non pare mostrare il minimo segno di disgusto per la differenza tra la vita della Contessa e la sua rappresentazione artistica nella persona di una martire regale.

Il monumento di un umanista

Nella Galleria delle Sculture di Brera è conservata una bella tomba di marmo bianco, scolpita dall'eccellente scultore lombardo Agostino Busti. L'epitaffio dice quanto segue:

En virtutem mortis nesciam.
Vivet Lancinus Curtius
Saecula per omnia
Quascumque lustrans oras,
tantum possunt Camoenae.
«Guardate la virtù che non conosce la morte!
Lancinus Curtius vivrà attraverso i secoli,
e visiterà ogni riva della Terra.
Tale è il potere delle Muse».

Il poeta stanco è reclinato, come se dormisse o stesse riposando, pronto ad essere svegliato; il suo capo è coperto dai capelli fluenti, e coronato di alloro; si appoggia alla mano destra. Su entrambi i lati del suo giaciglio stanno cupidi, o genii con le torce rivolte a terra. Sopra c'è un gruppo di tre Grazie, affiancate da un Pegaso alato. Più in alto siedono su un trono due Vittorie con le palme e una fiamma. Non c'è da chiedersi chi fosse Lancinus Curtius. Giace dimenticato, e la sua virtù non l'ha salvato dall'oblio; benché in vita abbia combattuto, *pro virili parte*, per la palma che Busti scolpì sulla sua tomba. Eppure questo monumento insegna una lezione profonda in poco spazio; e il suo epitaffio riassume il sogno che affascinò gli uomini, fino alla rovina, nell'Italia del Rinascimento. Ci troviamo di fronte, scolpito in questo marmo, l'ideale di vita del poeta studioso umanistico: Amore, Grazia, la Musa e Gloria. Non c'è un singolo pensiero importuno che venga dalla cristianità. Il fine per cui l'uomo viveva era pagano. La sua speranza era la fama terrena. Eppure il suo nome sopravvive, se di sopravvivenza si può parlare, non in quei versi alati che dovevano portarlo per mari e monti, ma nel marmo di un abile artigiano, scrutato di tanto in tanto dall'occhio peregrino di uno studioso, nella penombra di una cripta.

Il monumento di Gastone di Foix a Brera

L'eroe di Ravenna giace disteso sulla schiena, all'interno di un sepolcro coperto di un drappeggio di pizzo e il suo capo riposa su un cuscino riccamente ornato. Queste decorazioni, insieme alla minuta lavorazione del suo fodero, lavorato nel bizzarro manierismo del Cinquecento, rendono più potente la statuaria semplicità dell'effigie del giovane soldato. Il contrasto tra tanta ricchezza nei dettagli puramente secondari e la sublime severità nel rappresentare la figura dell'eroe, è autenticamente e profondamente drammatico. C'è un sorriso stampato sul suo volto, come di letizia nella morte; e le fattezze sono incredibilmente belle – di una bellezza adolescenziale, quasi femminile. La chioma ricade sulla fronte e sulle spalle a folti ciuffi. Un ramo di lauro, delicatamente scolpito, è intrecciato alla corona di vincitore, lievemente posata sui capelli, che sembra sfiorare a malapena. È così fragile questa corona, che non spezza il profilo puro di questo fanciullo conquistatore. L'armatura è liscia, e allo stesso modo la cotta. Sul busto, che sembra essere il degno asilo del suo cuore di eroe, giace il collare di un ordine, scolpito a conchiglie. È questo il solo ornamento di tutta la figura. Le mani sono intrecciate su una spada appoggiata al petto, che scende dritta sulle gambe. Sul mento c'è una lieve peluria, leggermente arricciata, perché l'eroe di Ravenna, come l'Ermete di Omero, era «un giovane di nobile sangue, la cui barba appena cominciava a crescere e la cui giovinezza era nel fiore». L'intera statua è un'idealizzazione della virtù – quella qualità così apprezzata dagli italiani e dagli antichi, e così adatta ad essere commemorata nell'arte. È l'apoteosi della vita umana, divenuta imperitura memoria a causa di una sola, grande azione. È il supremo ritratto, nei tempi moderni, di un giovane eroe, cesellato da artisti che appartengono ad una razza non più eroica, ma ancora capace di comprendere ed esprimere il fascino estetico dell'eroismo. Stando di fronte ad essa, potremmo dire ciò che Arriano di Nicomedia scrisse ad Adriano di Achille: «che egli fosse un eroe, se eroe mai ci fu, non ne dubito, perché la sua nascita e il suo sangue erano nobili, era bello, e il suo spirito forte, e morì nel fiore degli anni». La scultura italiana, sotto l'influsso del Cinquecento, non ebbe davvero tema più congeniale di quello del coraggio e della bellezza, della giovinezza e della fama, dell'onore immortale e della morte prematura; né esiste altro scultore che abbia reso poetica la morte più di quanto fece Agostino Busti, il cui semplice istinto, diverso da quello di Michelangelo, lo condusse a subordinare la sua immaginazione al pathos della realtà.

Brevi note bio-bibliografiche

Thomas Coryat (1577-1617)
Scrittore di viaggi. Attraversò l'Europa prevalentemente a piedi. Si recò in Francia, Svizzera, Germania, Olanda e anche in Italia nel 1608. Frutto di questo viaggio fu il volume *Crudities*, pubblicato a Londra nel 1611. Partì nel 1612 per un altro viaggio in Oriente, ma morì sulla strada del ritorno.

Joseph Addison (1672-1719)
Politico e scrittore inglese. Il suo nome è spesso associato a quello di Richard Steele, col quale fondò il giornale *The Spectator*. Viaggiò molto in Europa e lasciò testimonianze del suo viaggio in Italia in *Remarks on Several Parts of Italy*, pubblicato a Londra nel 1705.

Charles Burney (1726-1814)
Il musicologo inglese compì il suo viaggio seguendo l'itinerario tradizionale allo scopo di raccogliere

materiale per stendere una storia della musica. Ne nacque *The present State of Music in France and Italy* (1771).

Edward Gibbon (1737-1794)
Storico inglese. Fu a Roma nel 1764, dove ebbe l'idea di scrivere la celebre opera *Decline and Fall of the Roman Empire,* storia della decadenza dell'Impero romano. La testimonianza del suo soggiorno in Italia è contenuta in *Gibbon's Journey from Geneva to Rome*, pubblicato a Londra nel 1961, estratto dai *Miscellaneous Works* del 1797.

Thomas Jones (1742-1803)
Pittore originario del Galles. Viaggiò in Italia dal 1776 al 1783, dipingendo e scrivendo il suo diario di viaggio. I suoi *Memoirs* furono pubblicati nel 1951.

Thomas Jefferson (1743-1826)
Presidente degli Stati Uniti eletto nel 1801, durante il suo soggiorno a Parigi come ambasciatore, nel 1787, ebbe occasione di compiere un viaggio nel nord Italia. Contrariamente agli altri viaggiatori stranieri, Jefferson è interessato essenzialmente alle tecniche agrarie e all'economia. Lasciò scritti e let-

tere, raccolti in *Thomas Jefferson's Journey to the South of France and Northern Italy*.

Dorothy Wordsworth (1771-1855)
Sorella del celebre poeta William. Dal 1790 cominciò a tenere un diario in cui registrava conversazioni, visite e viaggi. Da questi è tratto *Diary of a Tour on the Continent* (1820), che contiene anche la cronaca del viaggio italiano compiuto in compagnia del fratello.

Lady Sidney Morgan (1780-1859)
Scrittrice irlandese dai molti interessi in campo politico e artistico. Viaggiò in Italia e pubblicò a questo proposito il volume *Italy*, Londra, 1821 ed anche uno sul pittore Salvator Rosa, *Life and Times of Salvator Rosa* (1823).

George Gordon Byron (1788-1824)
Il più noto esponente del Romanticismo inglese peregrinò per l'Europa e l'Italia, costretto dall'accusa di incesto a lasciare l'Inghilterra. Visse a Venezia, dove partecipò alle cospirazioni carbonare, poi visse a Pisa, dove fondò il periodico *The Liberal*. Morì in Grecia, dove si era trasferito per sostenere la rivolta contro l'Impero ottomano.

Le sue testimonianze sull'Italia sono contenute nelle lettere, *Correspondence*, 1922.

Percy Bysshe Shelley (1792-1822)
Il poeta inglese approdò in Italia con la seconda moglie Mary Godwin. Qui conobbe Byron e visse fra Venezia, Napoli, Roma, Pisa e infine a Lerici, morì mentre tornava per mare da Livorno, dove era andato a trovare il suo amico Leigh Hunt. Troviamo testimonianze sull'Italia in *Essays, Letters from Abroad, Translations and Fragments by Percy Bhysse Shelley* (1840).

Ralph Waldo Emerson (1803-1882)
Filosofo, saggista, poeta nato a Boston. Sviluppò con Thoreau le tesi del trascendentalismo. Nel 1833 compì il viaggio in Italia, in senso contrario rispetto al tradizionale tour: partì infatti da Siracusa e attraversò la penisola dirigendosi verso nord. Parlò del suo viaggio in *From Sicily to the Alps*.

Charles Dickens (1812-1870)
Il romanziere inglese viaggiò in Italia con la famiglia, fra il 1844 e il 1845. Frutto di questo viaggio fu *Pictures from Italy*, del 1845, in cui Dickens

lasciò una ricca descrizione del viaggio materiale e delle locande.

John Ruskin (1819-1900)
Critico inglese, viaggiò spesso in Italia, dove scrisse *The Stones of Venice* (1851-1853). Gli itinerari dei due viaggi in Italia del 1840 e 1845 possono essere ricostruiti attraverso i volumi *Diaries of John Ruskin* e *Letters to his Parents.*

Herman Melville (1819-1891)
Scrittore americano, noto per la celebre storia di Moby Dick. Viaggiò nei mari del sud, ma anche in Europa, viaggio di cui scrisse in *Journal of a Visit to Europe and the Levant* (1955).

George Eliot (1819-1880)
Romanziera britannica, affrontò le sue prime prove narrative quasi quarantenne, con uno pseudonimo maschile. Viaggiò molto sul continente e si recò in Italia più di una volta. Le testimonianze del suo viaggio si trovano nel volume *The Journals of George Eliot.*

Marc Twain (1835-1910)
Romanziere e giornalista americano. Viaggiò molto, anche in Italia. Frutto di questi viaggi furono *The*

innocents abroad (1869) e *A tramp abroad* (1879), in cui descrive in modo satirico il comportamento del turista americano.

John Addington Symonds (1840-1893)
Critico e poeta inglese, trascorse molta parte della sua vita in Italia, su cui scrisse molto: sul Rinascimento e su Michelangelo, troviamo testimonianze sul suo soggiorno italiano in *Sketches and studies in Italy and Greece.*

Henry James (1843-1916)
Scrittore americano, visse moltissimo in Europa. L'Italia, in cui soggiornò anche per lunghi periodi, gli fornì l'ambientazione di molte opere. Da questa lunga consuetudine col nostro paese nacque *Italian Hours* (1909), le cui pagine sono dedicate anche alle città minori.

Oscar Wilde (1854-1900)
Lo scrittore irlandese si recò diverse volte in Italia, nel corso della sua vita. L'ultimo viaggio fu anche l'ultimo capitolo della sofferta storia con Lord Douglas. Le testimonianze dei suoi viaggi italiani sono contenute nelle lettere alla madre e agli amici in *The Letters of Oscar Wilde*.

Edith Wharton (1862-1937)
Scrittrice americana, si recò più volte in Italia, compiendo escursioni anche in auto. Qui ambientò anche alcuni romanzi e racconti. Dei suoi soggiorni italiani scrisse in *Italian Villas and their Gardens* (1904) e *Italian Backgrounds* (1905).

Indice

Questo volume è stato stampato nel mese di dicembre del 2008 su carta Grifo Vergata delle Cartiere Miliani di Fabriano. La sovracoperta è realizzata in carta Roma fabbricata a mano e appositamente allestita dalle Cartiere Miliani di Fabriano per la collana « Il divano ».

Stampa: Officine Grafiche Riunite, Palermo

Legatura: LE.I.MA. s.r.l., Palermo

Il divano

1 Abate Dinouart. L'arte di tacere
2 La volpe amorosa
3 Nino Savarese. Gatterìa
4 Kenelm Digby. La polvere di simpatia
5 Jean-Baptiste Pérès, Richard Whately e Aristarchus Newlight. L'imperatore inesistente
6 Jean-François de Bastide. La petite maison
7 Enrique Vila-Matas. Storia abbreviata della letteratura portatile
8 Choderlos de Laclos. L'educazione delle donne
9 Herbert George Wells. Piccole guerre
10 Champfleury. Il violino di faenza
11 Gustave Amiot. La Duchessa di Vaneuse
12 Gustav Weil. Il racconto più bello del Corano
13 Celio Calcagnini, Celio Malespini, Giuseppe Battista, Pio Rossi. Elogio della menzogna
14 Alexandre Dumas. La cappella gotica
15 Gotthold Ephraim Lessing. Favole in tre libri
16 Carl Jacob Burckhardt. Incontro con Rilke
17 Lady Bell. Piccolo manuale di giochi per viaggiatori
18 Honoré de Balzac. Massimilla Doni
19 Ippocrate. Sul riso e la follia
20 Johann Wier. Le streghe
21 Catalina de Erauso. Storia della monaca alfiere scritta da lei medesima
22 Antonio Tosti. Contributo alla conoscenza della stupidità umana

23 Edmondo De Amicis. Manuel Menendez
24 Konstantin Nicolaevič Leont'ev. Storia di un giovane suliota
25 Paul Claudel. La mistica delle pietre preziose
26 La fiaba d'amore dei principi russi Pietro e Fevronija
27 Ninon de Lenclos. Lettere sulla vecchiaia
28 Geoffrey di Monmouth. La profezia di Merlino
29 Salvatore De Matteis. Essendo capace di intendere e di volere
30 Jacob Wassermann. Donna Giovanna di Castiglia
31 Ernest Haycox. La diligenza per Lordsburg
32 Pierre André Gargaz. Progetto di pace perpetua
33 Madame du Châtelet. Discorso sulla felicità
34 Vsevolod Garšin. Attalea Princeps
35 Jean-Pierre Claris de Florian. Rosalba
36 Frank Harris. Montes, il matador
37 Anatole France. Crainquebille
38 La navigazione di San Brandano
39 Nathaniel Hawthorne. La casa del tesoro
40 Davide Bertolotti. Il filtro degli Inchi
41 Karel Čapek. Fogli italiani
42 William Beckford. Storia del principe Alasi e della principessa Firuzkah
43 Seneca. La fermezza del saggio
44 al-Ghazâlî. Lettera a un discepolo
45 Apuleio. Amore e Psiche
46 Nicolò Tommaseo. D'amor parlando
47 Il libro dei Tre Caratteri
48 Ivan Bunin. L'affare dell'alfiere Elaghin
49 Le pietre mirabili. Magia e scienza nei lapidari greci
50 Stendhal. I privilegi
51 Arthur Conan Doyle. La nuova rivelazione
52 Herbert R. Lottman. Dieci domande sui libri
53 Henry von Heiseler. L'altro
54 Tiziano Colombi. Il segreto di Cicerone
55 Tsàn-yan-ghia-tsò VI Dalai Lama. Canti d'amore
56 Oscar Wilde. Il delitto di lord Arturo Savile

57 Guida del cercatore d'oro della California
58 Geoffrey di Monmouth. La follia del mago Merlino
59 Aleksej Apuchtin. Il diario di Pavlik Dol'skij
60 Aleksej Apuchtin. L'archivio della contessa D**
61 Mykola Kostomarov. La rivolta degli animali
62 José de Acosta. Le peregrinazioni di Bartolomé Lorenzo
63 Jean Paulhan. Guida di un piccolo viaggio in Svizzera
64 Karl Gottlob Schelle. L'arte di andare a passeggio
65 Ernesto Ragazzoni. Le mie invisibilissime pagine
66 Louis Fürnberg. Mozart e Casanova
67 António José Branquinho da Fonseca. Il Barone
68 Costantino Porfirogenito, Ibn Rosteh, Liutprando da Cremona. Il libro delle cerimonie
69 Luciano Canfora. Demagogia
70 Hector Berlioz. Eufonia o la città musicale
71 Giovanni Iudica. Il principe dei musici
72 Julien Offroy de La Mettrie. Il sommo bene
73 Samuel Johnson. Storia di Rasselas principe di Abissinia
74 Alessandra Lavagnino. Zanzare
75 Chester G. Starr. Lo spionaggio politico nella Grecia classica
76 André Gide. Il caso Redureau
77 André Gide. Ricordi della Corte d'Assise
78 André Gide. Fatti di cronaca
79 Pierre de Marivaux. Il bilboquet
80 Charles Cros. La scienza dell'amore
81 Robert S. Hichens. Come scoprì l'amore il professor Guildea
82 Charles Lamb. Rosamund Gray
83 Giulietta Ascoli. Balie
84 Platone. Apologia di Socrate
85 Luciano Canfora. Manifesto della libertà
86 David Herbert Lawrence. Le figlie del vicario
87 Henry James. Adina
88 Massimo Bontempelli. Noi, gli Aria
89 Giorgio de Marchis. Il poeta, il ragazzo, la ragazza

119 I tre racconti dei tre figli di mercanti. Novelline popolari siciliane
120 Torquato Tasso. Discorso della virtù feminile e donnesca
121 Caroline Butini Boissier. Liszt maestro di piano
122 Pietro Spirito. Vita e sorte di Pierre Dumont, socio di Dio
123 Héctor Abad Faciolince. Trattato di culinaria per donne tristi
124 Giovanni Tritemio. Elogio degli amanuensi
125 Giorgio De Simone. L'isola dei pantèi
126 Giorgio de Marchis. Dell'abitare
127 Alexandre Dumas. La rosa rossa
128 Alexandre Dumas. Un'amazzone
129 Giacomo Properzj. Padania o cara
130 Don Pedro Francisco Doménech y Amaya. Indagine su un uomo morso dalla tarantola
131 Leopold von Sacher-Masoch. Diderot a Pietroburgo
132 Henry James. La crespa Cornelia
133 Henry James. Un pittore di paesaggi
134 Alfonso de Liguori. Degli obblighi de' giudici, avvocati, accusatori e rei
135 Luciano Canfora. Un ribelle in cerca di libertà. Profilo di Palmiro Togliatti
136 Gianfranco Dioguardi. Attualità dell'Illuminismo milanese: Pietro Verri e Cesare Beccaria
137 Delarivier Manley. Le avventure di Rivella
138 Eike Pies. Il delitto Cartesio
139 Paolo Terni. In tempo rubato
140 Ippocrate. Aforismi
141 Elliot Silberberg. Il diluvio
142 Vincenzo Vitale. In questa notte del tempo
143 Maurizio Calvesi. Storia della seduzione
144 Angelo Morino. Il libro di cucina di Juana Inés de la Cruz
145 Franco Melandri. Le Siberiane seguono il sole
146 Arthur Schnitzler. Geronimo il cieco e suo fratello
147 Gianfranco Dioguardi. La scienza come invenzione. Alessandro Volta

148 Ginevra Bompiani. L'amorosa avventura di una pelliccia e di un'armatura
149 Nikolaj Gogol'. Roma
150 Vita di Gesù secondo le tradizioni islamiche
151 Claudio Saporetti. Jeshûa e Gesù
152 Giancarlo Lunati. Gesù. Quattro vite verosimili
153 Atti del processo di Giordano Bruno
154 Pasquale Hamel. L'ingorgo
155 Gaetano Savatteri. La congiura dei loquaci
156 Nico Perrone. Il truglio
157 Storia della tiara bianca
158 AA.VV. Per gioco
159 Herbert George Wells. Giochi da pavimento
160 Marco Santagata. Il copista
161 José Maria de Eça de Queirós. Alves & C.
162 Alfonso de Liguori. Maria nostra avvocata
163 Tukārām. Canti del Pellegrino
164 Sarah Kofman. Rue Ordener, rue Labat
165 Melo Freni. Marta d'Elicona
166 Gabriella Brooke. Le parole di Bernfrieda
167 Mário Cláudio. La fuga in Egitto
168 Jacob Wassermann. Il tumulto intorno allo Junker Ernst
169 Paolo Terni. Giorgio Manganelli, un ascoltatore maniacale
170 Enrico Guarneri. Di un amore senza fine. Eloisa e Abelardo 1116-1164
171 Stefano Villani. Il calzolaio quacchero e il finto cadì
172 Arthur Conan Doyle. Il parassita e altri racconti
173 Max Bruschi. Giuseppe Verdi. Note e noterelle
174 Gianni Puglisi. I modi della moda
175 Gianfranco Dioguardi. Sui sentieri della scienza
176 Enrico Micheli. L'Annunziata
177 Luca Toscani. Natale a Comodoro Rivadavia
178 Sergio Valzania. Tre tartarughe greche
179 Giovanni Merenda. L'esilio
180 Sabino Acquaviva. Prima dell'alba
181 Mario Pacelli. Cattivi esempi

214 Cesare Brandi. Sicilia mia
215 Vincent Schiavelli. Bruculinu America
216 Wilkie Collins, Charles Dickens. Il pigro viaggio di due apprendisti oziosi
217 Alfonso de Liguori. La fedeltà de' vassalli
218 Vernon Lee. L'avventura di Winthrop
219 Gianna Manzini. La moda di Vanessa
220 Gerhart Hauptmann. Il fantasma
221 Consigli e istruzioni del giardiniere di corte di Caterina la Grande
222 Agata Parisella, Giovanna Trapani, Luca Mariani. La pittura in cucina. Pittori e chef a confronto
223 Renata Pucci di Benisichi. Scusate la polvere
224 Kate Chopin. Un paio di calze di seta
225 Renata Pucci di Benisichi. Trenta e due ventotto
226 Johannes Weidenheim. Una festa d'estate a Maresi
227 Giulio Angioni. Assandira
228 Giuseppe Prezzolini. Cristo e/o Machiavelli
229 Mimmo Sammartino. Vito ballava con le streghe
230 Daniel Defoe. Vite di pirati
231 Émile Zola. Sidoine e Médéric
232 Principessa Bibesco. Nobiltà dell'abito
233 Constance Fenimore Woolson. Per il Maggiore
234 Jessie L. Weston. Indagine sul Santo Graal
235 Ivan Putilin. Memorie del capo della polizia di San Pietroburgo
236 Franz Kafka. Storie di animali
237 Alda Bruno. La casina, la casa, le cose
238 Enrico Micheli. Il Palazzo del Papa
239 Susan Glaspell. Una giuria di sole donne
240 John Ruskin. Delle tesorerie dei re
241 Giulio Angioni. Le fiamme di Toledo
242 Paolo Terni. Perché cantano?
243 Giuseppe Prezzolini. Modeste proposte scritte per svago di mente, sfogo di sentimenti e tentativo di istruzione pubblica degli italiani
244 Ettore Randazzo. La giustizia nonostante